# ポジティブになれる
# 英語名言101

小池直己・佐藤誠司

岩波ジュニア新書 898

# はしがき

　この本は，英語の名言やことわざを通じて，英語の力を養うことを目的としています。

　外国の人が日本語を勉強する場合を考えてみましょう。たとえば「まかぬ種は生えぬ」ということわざでは，「ぬ」が「〜ない」の意味を表します。また，この言葉は「結果を得ようとすればそのための行動が必要だ」という一般的真理を表しています。このように名言やことわざは，文法的な知識と読解力の両方を身につけるのに適しています。この本では，英語を使ってその学習を行います。

　この本に収録した名言・ことわざは，ポジティブな気持ちになれるものが中心です。短いものは丸暗記しておくとよいでしょう。最初は易しいものが中心で，だんだん英語のレベルが高くなっています。右ページの解説を読んで，英語の学習を行ってください。文法用語に関しては，基本的なものを最初に説明しています。また有名人の名言については，本人に関する情報をところどころに入れています。

本の編集に当たっては，佐藤舞さん(佐藤教育研究所)，岩波書店ジュニア新書編集部の山本慎一さんをはじめ，関係者の方々に大変お世話になりました。つつしんでお礼申し上げます。

　2019年6月

小池直己<br>佐藤誠司

＊名前の記載の無いものはことわざです。
＊名言やことわざの英語表記には諸説あります。
＊人物紹介は『岩波世界人名大辞典』等を参照しました。

# 目　次

はしがき　iii

基本的な文法用語 ······················································· 1

1　Haste makes waste. ············································· 6
2　Make hay while ... ··············································· 8
3　Rome was not built ... ········································ 10
4　Experience is the father ... ································· 12
5　Only the eagle can ... ········································· 14
6　Time flies like an arrow. ···································· 16
7　Genius is 1 percent inspiration ... (T.エディソン) ······ 18
8　One of these days is ... (H.G.ボーン) ····················· 20
9　Actions speak louder ... ····································· 22
10　Lean liberty is ... ············································· 24
11　The proof of the pudding ... ······························ 26
12　A rolling stone gathers ... ································· 28
13　Travelers, there is ... (A.マチャード) ······················ 30
14　The optimist sees ... (O.ワイルド) ······················· 32
15　Adversity makes a man ... ································ 34
16　Love makes the world ... ·································· 36
17　Let bygones be bygones. ·································· 38
18　Good medicine tastes bitter ... ·························· 40
19　Don't count your chickens ... ···························· 42
20　By doing nothing we learn ... ··························· 44
21　Do as you would be ... (聖書) ···························· 46
22　It is easy to be wise ... ····································· 48

**23** It is no use crying ... ································ 50
**24** There is always light ... (L.M.オールコット) ········ 52
**25** Friendship is a single soul ... (アリストテレス) ········ 54
**26** Don't forget to ... (キルケゴール) ···················· 56
**27** When it is dark enough, ... (R.W.エマーソン) ········ 58
**28** The sole meaning of life ... (L.トルストイ) ············ 60
**29** When in Rome, ... ···································· 62
**30** Living is not breathing ... (ルソー) ···················· 64
**31** If you run after ... ···································· 66
**32** Chop your own wood, ... (H.フォード) ················ 68
**33** Those who live are ... (V.ユゴー) ···················· 70
**34** The best preparation ... (E.ハバード) ················ 72
**35** A wise man will ... (F.ベーコン) ······················ 74
**36** The only way to ... (R.W.エマーソン) ················ 76
**37** All work and ... ······································ 78
**38** A man is known ... ·································· 80
**39** Never put off ... ······································ 82
**40** It is better to ... ······································ 84
**41** Seek mickle, and ... ·································· 86
**42** Men are born ... (H.ソロー) ·························· 88
**43** Just trust yourself, ... (ゲーテ) ······················ 90
**44** Believe you can ... (T.ローズヴェルト) ················ 92
**45** I have not failed. I've just ... (T.エジソン) ············ 94
**46** Kites rise highest ... (W.チャーチル) ················ 96
**47** There is more to ... (ガンディー) ···················· 98
**48** I am a part of ... (T.ローズヴェルト) ·················· 100
**49** Whatever you are, ... (A.リンカン) ···················· 102

目 次

50 In the middle of ... (A.アインシュタイン) ...... 104
51 The secret of getting ... (D.アリギエーリ) ...... 106
52 Believe and act ... (C.ケタリング) ...... 108
53 You must do ... (E.ローズヴェルト) ...... 110
54 What is not started ... (ゲーテ) ...... 112
55 There is no greater... (ミケランジェロ) ...... 114
56 The more we do, ... (W.ハズリット) ...... 116
57 A wise man never ... (モンテーニュ) ...... 118
58 Life is like riding ... (A.アインシュタイン) ...... 120
59 One that would ... (T.フラー) ...... 122
60 He who knows ... (T.ジェファソン) ...... 124
61 Tell me what ... (M.de セルバンテス) ...... 126
62 Happy is he ... ...... 128
63 Live as if you ... (ガンディー) ...... 130
64 Your friend is ... (E.ハバード) ...... 132
65 What is a weed? ... (R.W.エマーソン) ...... 134
66 Every man dies. Not every... (W.ウォレス) ...... 136
67 Life can only be ... (キルケゴール) ...... 138
68 We don't stop ... (B.ショー) ...... 140
69 Our greatest glory is ... (O.ゴールドスミス) ...... 142
70 Life isn't worth living, ... (A.アインシュタイン) ...... 144
71 It is not enough ... (H.ソロー) ...... 146
72 Take time to ... (N.ボナパルト) ...... 148
73 What the fool ... ...... 150
74 When it rains ... (G.K.チェスタトン) ...... 152
75 Do not go ... (R.W.エマーソン) ...... 154
76 Difficulties will be ... (A.アドラー) ...... 156

77 In most things ... (モンテスキュー) ········· 158
78 I have never met ... (G.ガリレイ) ········· 160
79 It's never too late ... (G.エリオット) ········· 162
80 Success usually comes ... (H.ソロー) ········· 164
81 Quality means doing ... (H.フォード) ········· 166
82 If you've never eaten ... (ゲーテ) ········· 168
83 Whatever you can do ... (ゲーテ) ········· 170
84 The best way to cheer ... (M.トウェイン) ········· 172
85 You are not only ... (M.ルター) ········· 174
86 If I wasn't hard, ... (R.チャンドラー) ········· 176
87 Impossible is ... (N.ボナパルト) ········· 178
88 There is nothing ... (W.シェイクスピア) ········· 180
89 Great things are ... (V.van ゴッホ) ········· 182
90 Folks are usually ... (A.リンカン) ········· 184
91 A hero is ... (R.W.エマーソン) ········· 186
92 My great concern is ... (A.リンカン) ········· 188
93 If I had six hours ... (A.リンカン) ········· 190
94 Anyone who has ... (A.アインシュタイン) ········· 192
95 The straighter grows ... ········· 194
96 Other men are ... (R.W.エマーソン) ········· 196
97 If we had no winter, ... (A.ブラッドストリート) ········· 198
98 It is not the strongest ... (C.ダーウィン) ········· 200
99 To a certain degree ... (A.アドラー) ········· 202
100 Among painters ... (A.アドラー) ········· 204
101 No experience is ... (A.アドラー) ········· 206

イラスト:大庫真理

# 基本的な文法用語

　この本の説明に出てくる主な文法用語を，最初にまとめておきます。必要に応じて参考にしてください。

## ◆ 英文の基本形

① <u>Cats</u> <u>are</u> <u>cute</u>.
　　S　　V　　C
　（ネコはかわいい）
② <u>Cats</u> <u>eat</u> <u>fish</u>.
　　S　　V　　O
　（ネコは魚を食べる）

　英語の文を組み立てるには，**S**(主語)，**V**(動詞)，**O**(目的語)，**C**(補語)の4つの要素を使います。Sは「〜は」，Vは「〜する」「〜だ」などの意味を表します。すべての文には原則として〈S＋V〉の形が含まれます。

　①のareは，**be動詞**です。be動詞は「Sは〜だ」という意味の文を作ります。I <u>am</u> 〜（私は〜だ），He <u>is</u> 〜（彼は〜だ）のam，isもbe動詞です。

①の cute のように，be 動詞の後ろに置く言葉を C(補語)と言います。一方，②の fish のように「〜を」などの意味を表す言葉を O(目的語)と言います。

◆ 文の種類
英文のほとんどは，次の3つに分類されます。

- 肯定文
    (例) I have a cat.
- 否定文
    (例) I don't have a cat.
- 疑問文
    (例) Do you have a cat?

そのほか，「〜しなさい」の意味を表す**命令文**などがあります。

◆ 品詞
単語は意味や性質に応じてグループ分けすることができます。そのグループの名前を**品詞**と言います。品詞には次のようなものがあります。

- **名詞**

cat(ネコ), boy(男の子)など
- **代名詞**
    I(私は), this(これ)など
- **動詞**
    be 動詞, eat(食べる)など
- **形容詞**
    cute(かわいい), long(長い)など
- **副詞**
    very(とても), slowly(ゆっくり)など
- **接続詞**
    but(しかし), when(〜するとき)など
- **前置詞**
    in(〜の中に), after(〜の後で)など
- **疑問詞**
    what(何), why(なぜ)など
- **関係代名詞**
    that, who など
- **不定詞**
    to eat など(to + 動詞の原形)
- **動名詞／現在分詞**
    eating など(動詞の原形 + ing)
- **過去分詞**
    eaten など

名詞には2つの形があります。「1つのもの」を表す**単数形**と、「2つ以上のもの」を表す**複数形**です。たとえば「子ども」に当たる名詞の単数形は child，複数形は children です。

　代名詞は，人称と格によって形が変わります。**人称**とは，「私(1人称)」「あなた(2人称)」「それ以外(3人称)」を区別する形のこと。I は1人称，you は2人称，he は3人称です。**格**とは，文中での働きに応じた形のこと。「～は」は主格，「～の」は所有格，「～を」は目的格です。

　動詞も，意味などに応じて形が変わります。これを**活用**と言い，「**原形**(もとの形)―**過去形**―**過去分詞**」をセットで覚えるのがふつうです。たとえば eat(食べる)は，eat―ate―eaten と活用します。また次のような文では，**3単現の s** を使います。

• She sing<u>s</u> well. (彼女は上手に歌う)

　3単現の s とは，主語が<u>3人称単数</u>で動詞が<u>現在形</u>のとき，その動詞の最後に s をつけるというルールです。上の文では主語(she)は3人称単数で，「歌う」は現在のことだから動詞は現在形の sing を使います。このとき，sing→sing<u>s</u> とします。

## ◆ 句と節

　2つ以上の単語が集まって，1つの意味のかたまりを作ることがあります。これを**句**と言います。たとえば the Japanese language（日本語）や around the world（世界じゅうで）などが句です。また，意味のかたまりの中に〈S＋V〉の関係を含むものは，**節**と言います。たとえば when I was a child（私が子どものとき）は I(S)＋was(V) の関係を含むので，節です。

# 1.

## Haste makes waste.

訳：性急さは浪費を作る[せいては事をしそんじる]。

## 1　Haste makes waste.

● haste＝急ぐこと，あわてること；似た意味の名詞に hurry があります。

- Make *haste* slowly.
（ゆっくり急げ[急がば回れ]）
- I'm in a *hurry*.
（私は急いでいます）

● waste＝浪費；ここでは「(チャンスなどを)利用しない[逃す]こと」の意味です。「廃棄物」の意味もあり，industrial waste(産業廃棄物)のように使います。また，動詞の waste は「浪費する」の意味です。

- Don't *waste* your money on video games.
（テレビゲームにお金をむだ使いしてはいけない）

●この文では，haste と waste が韻を踏んでいます。英語のことわざには，このような形がよく見られます。

●このことわざと似た意味を表す，次のような表現もあります。
- Hasty climbers have sudden falls.
（あわてて登る人は突然落ちる）

# 2.

# Make hay while the sun shines.

訳：日が照っている間に干し草を作れ。
意味：好機を逃すな。

2  Make hay while the sun shines.

●動詞の原形(make)で文が始まっているので,「〜しなさい」という意味を表す**命令文**です。Make hay は「干し草を作りなさい」という意味です。

● **while** = **〜する間に**(接続詞);when(〜するとき)と似た意味を表します。

- Don't play a video game *while* (you are) eating.
  (食べている間[食事中]にテレビゲームをしてはいけない)
  - この文のように while の後ろの〈S + be 動詞〉が省略されて,〈**while 〜*ing***〉(〜している間に)という形になることがあります。

● shine =(太陽が)輝く,照る;sunshine は「日光,日差し」の意味の名詞です。

# 3.

## Rome was not built in a day.

訳：ローマは1日で建国されたわけではない
　　［ローマは1日にして成らず］。

意味：大きな仕事は簡単には達成できない
　　　［努力の積み重ねによって達成できる］。

## 3　Rome was not built in a day.

● was built＝建てられた（受動態）
**受動態**とは，〈**be動詞＋過去分詞**〉で「**〜される**」という意味を表す形です。

- This shrine *was built* in the Edo period.
  （この神社は江戸時代に建てられた）

● Rome was not built の部分だけを見て「ローマは建てられなかった」と誤解しないようにしましょう。この文では，**notがin a dayを否定しています**。

- Rome was nót built in a dáy.

つまり「ローマが建てられた[建国された]のは，1日（かかって）ではない」ということです。このようにnotが動詞以外の部分を否定するときは，その部分を強く読みます。

# 4.

# Experience is the father of wisdom and memory the mother.

訳：経験は知恵の父親であり、記憶は知恵の母親である。

意味：知恵は記憶から生まれ、経験によって育つ。

## 4　Experience is the father of wisdom...

● the father [mother] of 〜という形の表現はよく見られます。

- Necessity is *the mother of* invention.
  （必要は発明の母［発明は必要から生まれる］）

● and の後ろには，**言葉の省略**があります。それを補うと次のようになります。

- Experience is the father of wisdom *and* memory (is) the mother (of wisdom).

英語では，同じ言葉のくり返しを避けるために，このような省略がよく見られます。

- I like J-pop music, *and* my sister K-pop.
  （私はJポップ（の音楽）が好きで，姉はKポップが好きです）
  - 下線部は my sister (likes) K-pop (music) を短くした形。

# 5.

## Only the eagle can gaze at the sun.

訳：太陽を見つめることができるのは鷲(わし)だけである。

意味：立派な人は，ふつうの人ができないことでもできる。

5 Only the eagle can gaze at the sun.

● gaze at 〜 = 〜を見つめる

● **only** = ただ〜だけ；名詞の前に置く場合は「唯一の」という意味にもなります。そのときは a/an, the の後ろに only を置きます。

- That is <u>the</u> *only* eagle in this zoo.
  （あれはこの動物園にいるただ 1 羽の鷲です）
  - 1 羽に特定できるので the を使います。

- I'm <u>an</u> *only* child.
  （私は一人っ子[(親の)唯一の子ども]です）
  - 「一人っ子」は世の中にたくさんおり，自分はその中の 1 人だという意味なので an を使います。

- I was *only* <u>a</u> child at that time.
  （当時私はほんの子どもだった）
  - この only は「ただ〜にすぎない」という意味です。

●鷲は優れた人物のたとえです。中国にも，意味の似た「燕雀（えんじゃく）いずくんぞ鴻鵠（こうこく）の志を知らんや」ということわざがあります。「小人物には大人物の高い志は理解できない」ということです。

# 6.

## Time flies like an arrow.

訳：時は矢のように速く過ぎる[光陰矢のごとし]。

意味：貴重な時間を大切にしなければならない。

## 6　Time flies like an arrow.

● flies は，fly（飛ぶ）という動詞に **3 単現の s** をつけた形（→p. 3）。ふつうは love→loves のように単に s をつけますが，y で終わる語の場合は y→ies となることがあります。fly→flies, cry（泣く）→cries, study（勉強する）→studies などがそうです。また，play（プレイする）→plays, stay（滞在する）→stays のような場合もあります。

● **like** ＝〜のように（前置詞）

- She looks just *like* her mother.
（彼女はお母さんにそっくりだ［ちょうどお母さんのように見える］）

●「光陰矢のごとし」の「光陰」とは，「月日，時間」のこと。ちなみに，このことわざを機械に翻訳させたら，「タイムという蠅(はえ)は矢を好む」と訳した，という有名な逸話があります（名詞の fly は「蠅」の意味）。

# 7.

## Genius is 1 percent inspiration and 99 percent perspiration.

(トーマス・エディソン)

訳:天才とは,1%のひらめきと99%の努力である。

● トーマス・エディソン
Edison, Thomas Alva

1847-1931 アメリカの発明家。蓄音機,電話機,白熱電球などを発明した。

## 7　Genius is 1 percent inspiration and…

●文全体は **S is C.**（**S** は **C** だ）で，C に当たる部分が〈**X and Y**〉（**X** と **Y**）の形になっています。

- Genius is 1 percent inspiration and 99 percent perspiration.
  　S　　　　　X　　　　　　　　　Y

● inspiration は，日本語の「インスピレーション（ひらめき）」と同じ意味です。動詞の inspire（呼び起こす，インスピレーションを与える）も，今日では「インスパイアする」という日本語として使われることがあります。

- The disaster *inspired* him to write a famous novel.
  （その災害に触発されて彼は有名な小説を書いた）

● perspiration は「汗→努力」。「汗」を意味する一般的な名詞は sweat ですが，ここでは inspiration と perspiration が韻を踏んでいます。

# 8.

## One of these days is none of these days.

(ヘンリー・ジョージ・ボーン)

訳：近日中の1日は，近日中のどの日でもない。

意味：「近日中に」と言っている限り，その日はいつまでも来ない[今すぐに行動すべきだ]。

●ヘンリー・ジョージ・ボーン
Bohn, Henry George

1796-1884　イギリスの出版業経営者。

## 8　One of these days is none of these days.

● **one of these days**＝近日中に；these days は「これらの日→近日[これから先の数日]」。one of を前に置くと「近日のうちの1日」という意味になります。

● **none of ～**＝～のうちのどれも…ではない；none of these days は「近日[これから先の数日]のうちのどの日でもない」ということ。

- *None of* the students got a perfect score.
（生徒たちの誰も，満点を取らなかった）

● 文全体は **S is C.**（S は C だ）の形です。

- <u>One of these days</u> is <u>none of these days</u>.
  　　　S　　　　　　　　C

SとCは，よく似た形になっています。ことわざや名言では，このような一種の言葉遊びがよく見られます。

# 9.

## Actions speak louder than words.

訳：行動は言葉よりも大声で語る。
意味：口で言うよりも行動する方が大切だ。

## 9 Actions speak louder than words.

● louder は loud（大声で）の比較級。**比較級**は，2つのものの程度の大きさを比べて「**より〜だ**」という意味を表す形です。

- France is *larger* than Japan.
  （フランスは日本より広い）
  - larger は large の比較級。比較級の基本形は，〈**形容詞・副詞＋(e)r**〉です。
- This smartphone is *more useful* than my flip phone.
  （このスマホは私のガラケーよりも役に立つ）
  - 長い形容詞・副詞の場合は，前に **more** を加えます。

● このことわざに類する言葉はたくさんあります。
- Action before words.（言葉の前に行動せよ）
- *Easier* said *than* done.（言うは易く行うは難し）
  - easier は easy の比較級。「行われる［行う］よりも言われる［言う］方が易しい」，つまり「口で言うのは簡単だが，実行するのは難しい」ということ。

# 10.

# Lean liberty is better than fat slavery.

訳：太った隷属よりもやせた自由の方がよい。
意味：貧しくても自由である方がよい。

## 10 Lean liberty is better than fat slavery.

●比較級の中には，もとの語とは全く違う形になるものがあります。たとえば **better** は good(よい)や well(上手に)の比較級で，「**よりよい，より上手に**」という意味です。

- The second plan is *better* than the first plan.
  (第 2 案の方が第 1 案よりもよい)
- She speaks English *better* than I do.
  (彼女は私より上手に英語を話す)

●日本語ではやせていることを「スマートだ」と言いますが，その意味の英語は **slim, slender, lean** など。**smart** は「頭がいい」という意味です。また「減量する」は lose weight,「ダイエットをする」は go on a diet です。

● **slavery** は「奴隷であること，奴隷制」。「奴隷(の人)」は slave です。**-(e)ry は抽象名詞を作る語尾**で，scene<u>ry</u>(景色), statione<u>ry</u>(文房具), ma-chine<u>ry</u>(機械類), jewel<u>ry</u>(宝石類), poet<u>ry</u>(詩歌)などに含まれています。

# 11.

# The proof of the pudding is in the eating.

訳：プディングの品質検査は食べることにある。

意味：論より証拠[物事は実際に経験してみないとわからない]。

## 11　The proof of the pudding is in the eating.

● **proof** の一般的な意味は「証拠」ですが,「吟味,（品質）試験」という意味でも使います。また出版の専門用語では「校正刷り（印刷物の仮刷り）」の意味になり, proofreading は「校正（原稿と校正刷りをくらべて誤りを正すこと）」, それを行う人は proofreader と言います。また proof- には「耐〜」の意味もあり, 防水時計は a waterproof watch, 耐震ビルは a quakeproof building と言います。proof の動詞形は prove（証明する, 〜だとわかる）です。

● pudding はいわゆるプディング（小麦粉, 牛乳, 卵などで作る甘いお菓子）。これがなまって「プリン」という日本語になりました（プリンの英訳は custard pudding）。[t][d] の音が日本語のラ行の音に変わる現象はよく見られます。たとえば Get up!（起きなさい！）は, くだけた発音では「ゲラップ」に聞こえます。

# 12.

## A rolling stone gathers no moss.

訳：転がる石は苔を少しも集めない[転石苔むさず]。

## 12　A rolling stone gathers no moss.

●このことわざは，アメリカでは「変化し続ける人の方が成功する」というポジティブな意味に解釈されます。一方イギリスでは，「腰の落ち着かない人は信用できない」というネガティブな意味を表すのがふつうです。

●〈**～ing**＋**A**（名詞）〉には，大別すると①「～している[する]A」，②「～するための A」の2つの意味があります。①の例は a *developing* country（発展途上国），②の例は a *waiting* room（待合室[待つための部屋]）など。①をさらに細かく言うと，次の2つのパターンがあります。
- a *burning* candle（燃えているろうそく）
  - この～ing 形は「（今）**～しつつある**」の意味。
- a *revolving* door（回転ドア）
  - この～ing 形は「**～する性質を持つ**」の意味。

a *rolling* stone は，「転がっている石」「転がるという性質を持つ石」の両方の解釈が可能です。

# 13.

> **Travelers, there is no road, the road is made by walking.**
>
> （アントニオ・マチャード）

訳：旅人よ，道はない，道は歩行によって作られる。

意味：積極的に行動すれば道は開ける。

● アントニオ・マチャード
Machado, Antonio

1875-1939　スペイン・セビリア出身の詩人。

**13**　Travelers, there is no road, the road is made by walking.

● made は make（作る）の過去形・過去分詞。この文の made は過去分詞で，is made は「作られる」という意味の**受動態**です（→ #3）。

- This car *was made* in Germany.
（この車はドイツで作られた［ドイツ製だ］）
- The toilet *is cleaned* every day.
（トイレは毎日掃除される）

● **by** は「〜によって」の意味で，**手段**を表します。

- The letter was written *by hand*.
（その手紙は手書きだった［手で書かれていた］）

　また by の後ろには，受動態が表す行為の主体（誰によって〜されるか）も置きます。

- The letter was written *by a famous author*.
（その手紙は有名な作家によって書かれた）

# 14.

**The optimist sees the doughnut, the pessimist sees the hole.**

(オスカー・ワイルド)

訳：楽観主義者にはドーナツが見え，悲観主義者にはドーナツの穴が見える。

意味：ないものねだりをするよりも現状に満足する方がよい。

●オスカー・ワイルド
Wilde, Oscar

1854-1900　イギリスの詩人，劇作家。『ドリアン・グレイの肖像』『サロメ』などの作品がある。

14　The optimist sees the doughnut, ...

●〈**the**＋**名詞**〉が「〜というもの、〜一般」という意味を表すことがあります。この文の the optimist は「楽観主義者というもの」、the doughnut は「ドーナツというもの」の意味です。

- *The computer* is a useful device.
  （コンピュータ（というもの）は便利な装置です）
  - 「その（特定の１台の）コンピュータ」の意味にも解釈できます。

- She can play *the guitar*.
  （彼女はギター（という楽器）をひくことができる）

●この名言は、「（同じドーナツを見ても）楽観主義者の目に入るのはドーナツ（の食べる部分）だが、悲観主義者の目に入るのは穴だ」、つまり「悲観主義者は長所よりも欠点に目を向けがちだ」という意味。

# 15.

## Adversity makes a man wise, not rich.

訳：逆境は人を裕福にはしないが，賢明にする。

15　Adversity makes a man wise, not rich.

● **make＋O＋形容詞＝O を〜(の状態)にする**；「O が〜である状態を作る」と考えることができます。このことわざは，makes＋a man＋wise で「人が賢明な状態を作る→人を賢明にする」という意味です。

- This novel *made the writer famous.*
  (この小説がその作家を有名にした)
- The news of Japan's victory *made the fans excited.*
  (日本の勝利のニュースはファンたちを興奮させた)

● **X, not Y＝X であって Y ではない，Y ではなく X だ**；**not Y but X** とも言います。

- The woman in that photo is my mother, *not* my sister.
- ＝The woman in that photo is *not* my sister *but* my mother.
  (その写真の中の女性は，私の姉ではなく母です)

# 16.

## Love makes the world go round.

訳:愛は世界を回す。
意味:世界は愛を中心にして回っている。

## 16  Love makes the world go round.

● **make＋O＋動詞の原形＝O に〜させる**

　この形は,「O が〜する状況を作る」と考えることができます。このことわざの場合, make＋the world＋go round で「世界が(ぐるぐる)回る状況を作る→世界を動かす」という意味になります。

- The movie *made me cry.*
  （その映画は私を泣かせた→その映画を見て私は泣いた）
- The pepper *made me sneeze.*
  （コショウが私にくしゃみを出させた→コショウでくしゃみが出た）
- What *made you change* your mind?
  （何があなたの心を変えさせたのですか→あなたはなぜ心変わりしたのですか）

　このように「〜させる」という意味の make は,しばしば「もの」を主語にして使います。そのような形を**無生物主語**(構文)と言うことがあります。

# 17.

# Let bygones be bygones.

訳：過去のことは過去のことにしておきなさい。

意味：過ぎたことは水に流しなさい。

## 17　Let bygones be bygones.

● **go by** =（時が）過ぎ去る
- As time *went by*, I made friends with them.
（時がたつにつれて，私は彼らと仲良くなった）

bygones は go by から生まれた名詞で，「過ぎたこと，過去のこと」という意味です。

● **let＋O＋動詞の原形＝Oに〜させておく，Oが〜するのを許す**；このことわざは，「bygones が bygones であるのを許しなさい→過ぎたこと［過去のいさかい］は過ぎたこと（のまま）にしておきなさい」ということ。

ちなみに *Let It Be* はビートルズの有名な曲ですが，もとの意味は「（状況を）あるがままに放っておきなさい→成り行きに任せなさい」です。

- *Let me introduce* myself.
（私に自己紹介させてください）
- *Let me have* a look at it.
（それをちょっと見せてください）

# 18.

## Good medicine tastes bitter to the mouth.

訳：よい薬は口に苦い味がする[良薬は口に苦し]。

意味：役に立つ忠告は耳に痛い（が聞き入れるべきだ）。

## 18 Good medicine tastes bitter to the mouth.

● **taste＋形容詞＝〜な味がする**

- This fruit *tastes good*.（この果物はおいしい）
  同様に，**look**（〜に見える），**smell**（〜なにおいがする），**feel**（〜に感じられる），**sound**（〜に聞こえる）などの後ろに形容詞を置いて，「**〜な感じがする**」という意味を表すことができます。
- You *look nice* in that dress.
  （君はそのドレスを着るとすてきに見える→そのドレスは君に似合っているよ）
- I *feel cold*.（寒気がする）
- This soup *smells good*.
  （このスープはいいにおいがする）
- The rumor doesn't *sound true*.
  （そのうわさは本当には聞こえない）

# 19.

## Don't count your chickens before they are hatched.

訳：(ひよこが)かえる前にひよこの数を数えるな[取らぬ狸(たぬき)の皮算用]。

意味：結果が出ないうちにぬか喜びしてはいけない。

19　Don't count your chickens before they are hatched.

● **Don't＋動詞の原形＝〜するな（命令文）**
- *Don't* worry.（心配しないで）
- *Never* mind.（気にするなよ）
  - Don't の代わりに Never を使って「決して〜するな」という意味を表したもの。日本語では「ドンマイ」と言いますが，英語では Don't mind. とは言いません。

● **before は「〜する前に」という意味の接続詞**で，後ろには〈S＋V〉の形を置きます。**前置詞**としても使うので，その場合は後ろに名詞や動名詞（〜ing）を置きます。
- Brush your teeth *before* you go to bed.
  　　　　　　　　　 接続詞　S　V
- Brush your teeth *before* going to bed.
  　　　　　　　　　 前置詞 動名詞
（寝る前に歯を磨きなさい）

●次のことわざも同じ意味です。
- First catch your hare, then cook him.
（取らぬ狸の皮算用）

# 20.

## By doing nothing we learn to do ill.

訳：何もしないでいると悪いことを覚える
[小人閑居して不善をなす]。

意味：器の小さい人が時間をもてあますと，ろくなことをしない(忙しいくらいがちょうどいい)。

## 20　By doing nothing we learn to do ill.

● **by** = 〜によって；by doing nothing は「何もしないことによって」という意味です。この by は**手段**を表しており，交通や通信の手段も by で表します(→ #13)。

- Let's go *by taxi*. (タクシーで行きましょう)
  - このタイプの表現では，名詞の前に a や the をつけません。by car(車で)，by train(電車で)，by plane(飛行機で)，by e-mail(メールで)なども同様です。

● **learn to + 動詞の原形 = 〜することを習う[覚える]，〜するようになる**

● do ill = 悪事を働く；ill は一般には「病気の(sick)」の意味の形容詞ですが，「悪事，悪口」という名詞の意味もあり，speak ill of 〜(〜の悪口を言う)という古い表現にも使われています。

# 21.

## Do as you would be done to.

(聖書)

訳：されたいようにしなさい。
意味：自分がしてもらいたいように(他人に)
　　　振る舞いなさい。

## 21　Do as you would be done to.

● **as** = 〜のように，〜のとおりに（接続詞）
- Do *as* you are told.（言われたとおりにしなさい）

● **would** は，この文では「〜したい（would like to）」の意味。would be done to は「（自分に対して）してもらいたい」ということです。

● この文の内容を現代英語で表現すると，たとえば次のようになります。
- Do to others what you want them to do (to you).
  （あなたが他人にしてもらいたいことを，他人に対してしなさい）
- Don't do to others what you don't want to be done to (by them).
  （自分に対して（他人から）してほしくないことを，他人に対してしてはいけない）

● 『論語』には，同じ意味を反対の言い方で表す「己の欲せざる所は人に施すなかれ」という孔子の言葉があります。

# 22.

## It is easy to be wise after the event.

訳:出来事の後で賢明になるのは簡単だ。

## 22　It is easy to be wise after the event.

● **it** は**形式主語**で，後ろの不定詞(to be wise)を指しています。「○○は簡単だ」の○○が長い言葉のときは，まず「it は簡単だ」と言っておいてから，it の内容をあとから具体的に説明します。it は「それ」とは訳しません。

- *It is dangerous to swim* in that river.
  （あの川で泳ぐのは危険だ）
  - it = to swim in that river で，「it は簡単だ。it とは，あの川で泳ぐことだ」ということ。to swim は「泳ぐこと」という意味の不定詞(名詞的用法)です。

- *It is dangerous <u>for children</u> to swim* in that river.
  （子どもがあの川で泳ぐのは危険だ）
  - for children to swim は「子どもが泳ぐこと」。不定詞の前に **for A**(意味上の主語)を置いて，誰がその行動をするのかを表すことができます。

●このことわざは，「事件が起きた後で，もっともらしい理屈をつけるのは簡単だ→それが起きる前に対処しておくことが大切だ」という意味です。日本語にも「転ばぬ先の杖」ということわざがあります。

# 23.

## It is no use crying over spilt milk.

訳：こぼれてしまったミルクに関して泣いてもむだだ[覆水盆に返らず]。

意味：終わったことを後悔しても仕方がない。

## 23　It is no use crying over spilt milk.

● **It is no use 〜ing** =〜してもむだだ；use は「役に立つこと，効用」の意味の名詞で，次のような言い方もあります。

- The data was *of no use.* = The data was *useless.*
（そのデータは役に立たなかった）

●**過去分詞＋A(名詞)** =①〜してしまったA／②〜される［された］A；*spilt* milk「こぼれてしまったミルク」や *fallen* leaves(落ちてしまった葉→落ち葉)は，①の例。spilt は spill(こぼれる)という動詞の過去分詞で，spilled ともつづります。②の例は，*imported* goods(輸入された品物→輸入品)，*fried* chicken((油で)揚げられた鶏肉→フライドチキン)などです。

# 24.

## There is always light behind the clouds.

(ルイーザ・メイ・オールコット)

訳:雲の陰には常に光がある。
意味:苦しみの向こうに喜びがある。

●ルイーザ・メイ・オールコット
Alcott, Louisa May

1832-88 アメリカの作家。『若草物語』『良き妻たち』『プラムフィールドの子供たち』などの作品がある。

## 24 There is always light behind the clouds.

● **There is + S + 場所 = 〜に S がある**；is は意味に応じて are, was, were などにもなります。

- *There is* a convenience store near our school.
  （私たちの学校の近くにコンビニがあります）
- *There weren't* many passengers on the train.
  （電車には多くの乗客はいませんでした）
  - 否定文は，be 動詞の後ろに not を加えます。
- How many people *are there* in your family？
  （あなたの家族には何人いますか→おたくは何人家族ですか）
  - 疑問文は，主語（この文では there）と be 動詞を入れ替えて作ります。

● **behind = 〜の背後に，陰に**；スポーツの試合などで負けていることを「ビハインド」と言いますが，これは次のような表現がもとになっています。

- The Bulls are two points *behind*.
  （シカゴ・ブルズは 2 点負けている）
  - 「2 点勝っている」は two points ahead。

# 25.

## Friendship is a single soul dwelling in two bodies.

(アリストテレス)

訳:友情とは,2つの肉体に宿る1つの魂である。

●アリストテレス
Aristotelēs

前384-22 ギリシアの哲学者。〈万学の祖〉と称される。『形而上学』『ニコマコス倫理学』などの著作がある。

## 25　Friendship is a single soul dwelling in two bodies.

● dwell＝住む，ある；live よりも改まった語。dweller（居住者），dwelling（住居）という語もあります。

● この文では，soul（魂）が後ろの dwelling in two bodies（2つの体に住んでいる）によって説明［修飾］されています。この dwelling は「〜している［する］」の意味の**現在分詞**。次の例も同様です。

- Foreign tourists *coming* to Japan are increasing in number.
  （日本に来る外国人旅行者は数が増えています）
  - coming＝who come

- Who is that woman *sitting* next to Naoko?
  （ナオコの隣に座っている女性は誰ですか）
  - sitting＝who is sitting

- I received an e-mail *saying* that the school festival was postponed.
  （文化祭が延期されたと書かれたメールを受け取った）
  - saying＝which［that］said。say は「（手紙・新聞などに）〜と書いてある」の意味。

# 26.

## Don't forget to love yourself.

(キルケゴール)

訳:自分自身を愛することを忘れるな。

● キルケゴール
Kierkegaard, Søren Aabye

1813-55 デンマークの哲学者、実存主義の先駆者。『あれか、これか』『死に至る病』などの著作がある。

## 26　Don't forget to love yourself.

### ● forget to＋動詞の原形＝〜し忘れる

- I *forgot to bring* my camera.
（カメラを持って来るのを忘れた）
  - 下線部は不定詞で「持って来ることを忘れた」の意味。

なお，〈**forget**＋**〜*ing***〉という形もありますが，これは「〜したことを忘れる」という意味です。

- I'll never *forget having* a great time here.
（ここで楽しく過ごしたことは決して忘れません）

### ● Don't forget to＋動詞の原形.＝〜し忘れるな，忘れずに〜しなさい；〈Remember to＋動詞の原形.〉（〜することを覚えておきなさい）とも言います。

- *Don't forget* [*Remember*] *to call* me when you get to the station.
（駅に着いたら，忘れずに私に電話しなさい）
- *Don't forget* [*Remember*] *to write* down your password.
（忘れずにパスワードをメモしておきなさい）

# 27.

## When it is dark enough, you can see the stars.

(ラルフ・ワルド・エマーソン)

訳：十分な暗さがあるとき，星を見ることができる。

意味：逆境の中でこそ希望は輝いて見える。

●ラルフ・ワルド・エマーソン
Emerson, Ralph Waldo

1803-82 アメリカの思想家，教育家，詩人。『自然論』『随筆集』などの著作がある。

## 27　When it is dark enough, you can see the stars.

●英語の文は基本的に〈S＋V〉の形を含んでいます。しかし，たとえば「暗い」と言いたいときは，何を主語にすればよいか迷います。そのような場合は **it** を主語にして，It is dark. と言います。この it は形式的に主語の位置に置く記号のようなもので，「それ」とは訳しません。**時刻・天候・寒暖・明暗・距離**などを表す文では，**主語を it にする**のが基本です。

- *It's* five thirty.（5 時半です）
- *It* rained this morning.（けさ雨が降った）
- *It's* getting cold.（寒くなってきた）
- How far is *it* from here to the station?
  （ここから駅までどのくらい距離がありますか）

● it が特定のものを指すのではなく，その場の状況をばくぜんと指す場合もあります。
- *It's* too late.（(状況は)もう手遅れだ）
- *It's* my turn (to sing).（今度はぼくの(歌う)番だ）

# 28.

# The sole meaning of life is to serve humanity.

(レフ・トルストイ)

訳：人生の唯一の意義は，人類に奉仕することだ。

意味：人生は社会の役に立ってこそ意味がある。

● レフ・トルストイ

Tolstoi, Lev Nikolaevich

1828-1910 ロシアの作家。『アンナ・カレーニナ』『懺悔』『イヴァン・イリイチの死』などの作品がある。

## 28　The sole meaning of life is to serve humanity.

● 文全体は **S is C.**（**S は C だ**）の形。to serve は不定詞で，この文では「〜すること」という意味（名詞的用法）です（→ #7）。

- <u>The sole meaning of life</u> is <u>*to serve* humanity</u>.
  　　　　S　　　　　　　　　　C

  このような形の文は，よく見られます。

- <u>My goal</u> is <u>*to become* a web designer</u>.
  　S　　　　　　C

  （私の目標はウェブデザイナーになることです）

- <u>The important thing</u> is <u>*to do* your best</u>.
  　　　　S　　　　　　　　C

  （大切なことは全力を尽くすことです）

● sole ＝ 唯一の（only）；soul（魂）と発音は同じですが，つづりの違いに注意しましょう。

# 29.

## When in Rome, do as the Romans do.

訳:ローマではローマ人のするようにせよ
［郷に入っては郷に従え］。

## 29  When in Rome, do as the Romans do.

● **when = 〜するとき**（接続詞）

- *When* (I was) a child, I lived in Yokohama.
（私が子どものとき，私は横浜に住んでいた）

このように，when(や while)の後ろの〈S + be 動詞〉が省略されることがあります（→ # 2）。このことわざの場合も，When you are in Rome, do .... と補って考えることができます。

● do as the Romans do は**命令文**で，「ローマ人がするようにしなさい」。**as** は「**〜のように，〜のとおりに**」の意味の接続詞です。

- *As* you know, I'm a fan of the Giants.
（君も知っているように，ぼくはジャイアンツのファンだ）
- Do *as* you like. （好きなようにしなさい）
- *As* shown in the graph, the birthrate is decreasing.
（グラフに示されているとおり，出生率は低下しています）

# 30.

## Living is not breathing but doing.

(ルソー)

訳:生きるとは,呼吸することではなく行動することだ。

●ルソー

Rousseau, Jean-Jacques

1712-78 フランスの作家,思想家。『人間不平等起源論』『エミール』などの著作がある。

## 30　Living is not breathing but doing.

●〈**動詞の原形 + *ing***〉で「〜すること」という意味を表すことができます。この形を**動名詞**と言います。living は「生きること」，breathing は「呼吸すること」，doing は「行うこと，行動すること」です。

●文全体は，〈**S is not X but Y.**〉という形になっています。下線部は「**X ではなく Y**」の意味。but を「しかし」と訳さないように注意しましょう(→ # 15)。この形の変形として，**not only X but also Y**(X だけでなく Y も)という形があります。

- She can speak *not only* English *but also* Chinese.
 (彼女は英語だけでなく中国語も話せる)
= She can speak *both* English *and* Chinese.
 (彼女は英語と中国語の両方を話せる)

# 31.

## If you run after two hares, you will catch neither.

訳:もしあなたが2匹のうさぎを追いかければ,どちらもつかまらないだろう[二兎を追う者は一兎をも得ず]。

31　If you run after two hares, you will catch neither.

● **run after 〜 = 〜を追いかける(chase)**

● hare は「野うさぎ」。飼われているうさぎは rabbit です。ルイス・キャロルの *Alice's Adventures in Wonderland*(『不思議の国のアリス』)に出てくる March Hare(三月うさぎ)というキャラクターは，繁殖期の三月になるとうさぎがおかしな行動をとるという伝承に基づいています。

● **neither = どちらも〜ない**；この文の you 以下は，you will not catch either (of them)とも表現できます。either は「どちらか一方」ですが，〈**not + either = neither**〉という関係になります。また，次のような言い方もあります。
- My father *neither* smokes *nor* drinks.
  (父はお酒もたばこもやりません)
  - **neither X nor Y = X も Y も〜ない**

# 32.

## Chop your own wood, and it will warm you twice.

(ヘンリー・フォード)

訳：自分の薪(たきぎ)を割れ，そうすればそれはあなたを二度温めるだろう。

●ヘンリー・フォード
Ford, Henry

1863-1947　アメリカの技術者，経営者。フォード自動車会社を設立。

## 32　Chop your own wood, and it will warm you twice.

● Chop your own wood.（自分自身の材木［薪］を割れ）は命令文。**命令文の後ろに and を置くと，「〜しなさい，そうすれば…」という意味になり**ます。

- *Go* down this street, *and* you'll find a park.
（この道を進んで行くと，公園があります）

● chop =（おのなどで）たたき切る；chop up an onion（（包丁で）タマネギを刻む）のようにも言います。

● it は your own wood を指しています。

● warm you twice ＝ あなたを二度温める；「二度」とは，「薪を割る作業で身体が温まる。次に，割った薪を暖房に使って温まる」，つまり「一石二鳥だ」ということ。なお，「一石二鳥」は英語でも kill two birds with one stone（1つの石で2羽の鳥を殺す）と言います。

# 33.

## Those who live are those who fight.

(ヴィクトル・ユゴー)

訳：生きている人々とは，闘う人々である。
意味：闘っていなければ(本当の意味で)生きているとは言えない。

●ヴィクトル・ユゴー
Hugo, Victor-Marie

1802-85　フランスの詩人，小説家，劇作家。『レ・ミゼラブル』などの作品がある。

## 33　Those who live are those who fight.

● **those who 〜 = 〜する人々**（people who 〜）

- *Those who* only eat vegetables are called vegetarians.
  （野菜しか食べない人々は，菜食主義者と呼ばれる）
- *Those present* were moved to hear her speech.
  （出席者たちは彼女のスピーチを聞いて感動した）
  - those present ＝ those <u>who were</u> present（出席していた人々）。下線部は省略できます。

● those は，前の（複数形の）名詞のくり返しを避けたいときにも使います。

- The rules of soccer are simpler than *those* of baseball.
  （サッカーのルールは野球のルールより単純だ）
  - those は the rules の意味。

● fight は，（逆境などに立ち向かって）一生懸命に生きることを意味しています。

# 34.

> **The best preparation for good work tomorrow is to do good work today.**
>
> (エルバート・ハバード)

訳:明日いい仕事をするための最良の準備は,今日いい仕事をすることだ。

●エルバート・ハバード
Hubbard, Elbert Green

1856-1915 アメリカの作家。『ガルシアへの手紙』などの作品がある。

## 34　The best preparation for good work tomorrow is...

●文全体は **S is C.**（**S は C** だ）という形で，C の位置に「～すること」という意味の不定詞(to do)が置かれています(→ # 28)。

● S に当たるのは，the best preparation for good work(よい仕事のための最善の準備)。下線部は，prepare for ～(～の準備をする)という動詞をもとにした表現です。英語にはこのような言い方が多くあります。
- She decided to study abroad.
  （彼女は留学する決心をした）
→her *decision to* study abroad
  （留学するという彼女の決心）
- He succeeded in business.（彼は商売で成功した）
→his *success in* business（彼の商売での成功）
- You are able to speak English.　※able は形容詞
  （あなたは英語を話すことができる）
→your *ability to* speak English
  （あなたの英語を話す能力）

# 35.

**A wise man will make more opportunities than he finds.**

(フランシス・ベーコン)

訳：賢者は，見つけるチャンスよりも自分で作るチャンスの方が多い。

●フランシス・ベーコン
Bacon, Francis

1561-1626　イギリスの哲学者，政治家。『ノヴム・オルガヌム』『学問の進歩』などの著作がある。

## 35　A wise man will make more opportunities than he finds.

● **more** には，次のような 2 つの使い方があります。

(1) The second question is *more difficult* than the first.
（第 2 問は第 1 問よりも難しい）
- more difficult は difficult の比較級。この more は，tall<u>er</u>(より背が高い)の -er に相当する，比較級を作るための記号です。

(2) I spend *more* money on books than on clothes.
（私は服に使うよりもたくさんのお金を本に使う）
- more は much(たくさんの)の比較級。

　この名言の more opportunities は「より多くの機会」。more は many の比較級で，(2)と同様の使い方です。文全体は，「賢者にとっては，(たまたま)見つけるチャンスよりも，自分(の意志)で作るチャンスの方が多い→チャンスは向こうから来るのを待つのではなく，自分で作り出すものだ」という意味になります。

# 36.

# The only way to have a friend is to be one.

(ラルフ・ワルド・エマーソン)

訳：友人を得るための唯一の方法は，自分が友人になることである。

## 36　The only way to have a friend is to be one.

● the way to have 〜 ＝ 〜を持つための方法；to have は不定詞で，前の名詞(way)を修飾しています。次の例も同様です。

- I didn't have time *to watch* TV.

（私はテレビを見る(ための)時間がなかった）

- I want a chance *to study* abroad.

（私は留学するチャンスがほしい）

● one は a friend の意味。このように **one** は，**同じ名詞のくり返しを避けたいとき**に使います。

- I want to be a doctor because my father is *one* [=a doctor].
（父が医者なので，私は医者になりたい）
- This trunk is too small. Do you have a bigger *one* [=trunk]?
（このトランクは小さすぎます。もっと大きいのはありますか）

# 37.

## All work and no play makes Jack a dull boy.

訳：全部が仕事で遊びが全くないことは，ジャックを頭の悪い少年にする[よく遊びよく学べ]。

意味：仕事(や勉強)ばかりでは利口になれない。幅広い経験を積みなさい。

## 37　All work and no play makes Jack a dull boy.

● Jack は男の子の一般的な名前です。女の子一般は Jill。Jack and Jill は若い男女のカップルの意味で使います。

● この文は，次のような形になっています。

<u>All work and no play</u> <u>*makes*</u> <u>Jack</u> <u>a dull boy.</u>
　　　　S　　　　　　　V　　O　　　C

〈**make＋O＋C**〉は「**O を C にする**」という意味。C の位置には形容詞や名詞を置きます（→ # 15）。

- <u>That drug</u> <u>*makes*</u> <u>you</u> <u>sleepy.</u>
　　S　　　　V　　O　　C
（その薬を飲むと眠くなるよ）
- <u>This album</u> <u>*made*</u> <u>her</u> <u>a famous singer-songwriter.</u>
　　S　　　　V　　O　　　　　C
（このアルバムが彼女を人気シンガーソングライターにした）

# 38.

## A man is known by the company he keeps.

訳：人は付き合う仲間によって判断できる
［朱(しゅ)に交われば赤くなる］。

## 38　A man is known by the company he keeps.

● **be known by 〜 = 〜によってわかる**；by は手段を表します。be known の一般的な意味は「知られている」で，後ろにはさまざまな前置詞を置きます。

- Kyoto *is* (well) *known to* foreign tourists.
  （京都は外国人観光客に（よく）知られている）
- Kyoto *is known for* its old temples and shrines.
  （京都は古いお寺や神社で知られている）
- Kyoto *is known as* the old capital of Japan.
  （京都は日本の古都として知られている）

● the company he keeps = その人が付き合う仲間；he は a man を指す代名詞です。company の最も一般的な意味は「会社」ですが，この文では「仲間(付き合い)」の意味で，次のような使い方をします。

- She *keeps company* with a college student.
  （彼女は大学生と付き合っている）

# 39.

## Never put off till tomorrow what you can do today.

訳:今日できることは明日まで延ばすな。

## 39　Never put off till tomorrow what you can do today.

●文全体は命令文で，Never は Don't の意味を強めたもの。〈**Never＋動詞の原形**〉は「**決して〜するな**」という意味です(→ #19)。

● **put off**＝〜を延期する；延期するのは，what you can do today(あなたが今日(することが)できること)です。文の構造は次のようになっています。

Never put off (till tomorrow) what you can do today.
　　V　　　　　　　　　　　　　　　O

● **what** は the thing(s) that の意味の**関係代名詞**。この what は次のように使います。

- I can't believe *what* he said.
  (私は彼が言ったことを信じられない)
- The result wasn't *what* I had expected.
  (結果は私が予想したものではなかった)
- *What* is written in this book is true.
  (この本の中に書かれていることは本当です)

# 40.

## It is better to do well than to say well.

訳：口でうまく言うよりも，うまく行動する方がよい。

意味：言葉ではなく行動で示せ[不言実行せよ]。

## 40　It is better to do well than to say well.

● **better** は good の比較級で、「よりよい」の意味(→ #10)。

● 文頭の it は**形式主語**で、後ろの to do well(上手に行うこと)を指します(→ #22)。したがってこの文は、次のようにも表現できます。

- <u>To do well</u> is better than <u>to say well</u>.
  　　A　　　　　　　　　　　B
= A は B よりもよい

● **do well** は学校の勉強や会社の業績などが「うまくいく」という意味でも使います。

- He is *doing well* at school.
  （彼は学校の成績がいい）
- The company has been *doing better* recently.
  （その会社は最近売り上げが伸びている）

● to say well は「上手に言うこと」。do well と say well が対比的に使われています。

# 41.

# Seek mickle, and get something; seek little, and get nothing.

訳：多くを望めば多少は得られるが，少ししか望まなければ何も得られない[棒ほど願うて針ほど叶う]。

## 41　Seek mickle, and get something; ...

● mickle は古い言葉で「たくさん(much)」の意味。seek は「〜を捜し求める，得ようとする」です。

● 動詞の原形で文が始まっているので，〈**命令文＋and ...**〉(〜しなさい，そうすれば…)という形です(→ #32)。

● この文では，**セミコロン**(;)が使われています。セミコロンは，しばしば「コンマ＋接続詞」の働きをします。このことわざでも「**セミコロン＝コンマ＋and**」と考えることができます。それに関連して，次のような誤りがときどき見られるので注意してください。

× My father is 48, my mother is 45.
　(父は48歳で，母は45歳です)

このように，独立した2つの文をコンマで結びつけることはできません。コンマの後ろには and が必要です。

# 42.

## Men are born to succeed, not fail.

(ヘンリー・ソロー)

訳:人は成功するために生まれるのであって,失敗するためではない。

● ヘンリー・ソロー
Thoreau, Henry David

1817-62 アメリカの思想家,随筆家。『森の生活』『市民としての反抗』などの著作がある。

## 42  Men are born to succeed, not fail.

● **be born to** ＋動詞の原形＝～するために生まれる；次のような言い方ができます。

- He *was born to play* baseball.
  （彼は野球をするために生まれた（ような人だ））
- She *was born* (*to be*) the only child of a millionaire.
  （彼女は百万長者の一人っ子として生まれた）

また，born の後ろに形容詞などを置くこともできます。

- He *was born poor*, but worked hard to be rich.
  （彼は貧しい家に生まれたが，熱心に働いて金持ちになった）

● **X, not Y**＝X であって Y ではない，Y ではなく X だ；**not Y but X** とも言います（→ #15）。この名言は，次のようにも表現できます。

- Men are *not born* to fail, *but to* succeed.

# 43.

## Just trust yourself, then you will know how to live.

(ゲーテ)

訳：自分を信頼せよ，そうすれば生き方がわかるだろう。

●ゲーテ
Goethe, Johann Wolfgang von

1749-1832　ドイツの詩人，作家。『若きウェルテルの悩み』『ファウスト』などの著作がある。

## 43　Just trust yourself, then you will know how to live.

● **just** を命令文の前に置くと,「ちょっと(試しに)〜してみなさい」という意味になります。
- *Just listen* to me.（ちょっと私の言うことを聞いて）
- *Just try* playing this video game.
  （まあ試しにこのテレビゲームをやってみてよ）

●命令文＋**then**（**and**）**...** ＝〜しなさい，そうすれば…(→ ＃32)

● **how to live** は「どのように生きるべきか，生き方」の意味。how, what, where などの疑問詞の後ろの不定詞は,「**〜すべきか**」という意味になります。
- I don't know *what to do*.
  （私は何をすればよいのかわからない）
- Tell me *where to get* a ticket.
  （どこでチケットを買えばよいのか教えてください）

# 44.

## Believe you can and you're halfway there.

(セオドア・ローズヴェルト)

訳:自分ならできると信じれば,半分終わったようなものだ。

● セオドア・ローズヴェルト
Roosevelt, Theodore

1858-1919　アメリカ合衆国第26代大統領。

## 44  Believe you can and you're halfway there.

● **命令文＋and ...＝〜しなさい，そうすれば…**
(→ #32)

● **believe**(信じる)は次のように使います。

- I *believe* (*that*) everything will go well.
 (万事うまくいくと私は信じています)

I believe that 〜の訳は「私は〜ということを信じている」。この形の文では，that(〜ということ)の後ろに完成した文の形を置きます。that は省いてもかまいません。believe のほか，**think**(思う)，**remember**(覚えている)，**hope**(願う)，**say**(言う)などの後ろにも，that を置くことができます。

- I *remember* (*that*) I saw this movie somewhere.
 (この映画をどこかで見たのを覚えています)

● you're halfway there は「あなたはそこへ行く道の半ばにいる→(目標に)半分到達している」ということ。meet halfway((交渉などで)歩み寄る，妥協する)という言い方もあります。

# 45.

# I have not failed. I've just found 10,000 ways that won't work.

(トーマス・エディソン)

訳:私は失敗したわけではない。1万通りのうまくいきそうにない方法を見つけたところだ。

● have not failed は**現在完了形**。have failed は本来,「失敗した状態を(今)持っている」ということ。not を加えると「今は失敗した(取り返しのつかない)状態ではない」という意味になります。I've [=I have] found も現在完了形で,意味は「見つけた状態だ」。

● 10,000 は ten thousand と読みます。

● ways that won't [will not] work = うまくいかないであろう方法；that は関係代名詞。

● **work = 正常に働く,効果がある**

- The elevator isn't *working*.
  (エレベーターは動いていない)
- This medicine didn't *work*.
  (この薬はきかなかった)

●この言葉には「今までに試みた１万通りの方法はうまくいかなかったが,次は成功するかもしれない」という含みがあります。失敗してもあきらめずに何度でもやってみることが大切だ,という意味です。

# 46.

## Kites rise highest against the wind – not with it.

(ウィンストン・チャーチル)

訳:凧(たこ)が一番高く上がるのは向かい風のときであり,風を受けているときではない。

意味:逆境のときに最大の力が発揮できる。

●ウィンストン・チャーチル

Churchill, Winston Leonard Spencer

1874-1965 イギリスの政治家,首相。 東西対立の時代を見越して〈鉄のカーテン〉の演説を行う。

## 46　Kites rise highest against the wind – not with it.

● highest は副詞の high(高く)の**最上級**で,「最も高く」という意味。最上級は「最も〜」という意味を表す形容詞・副詞の形で, 短い語の場合は語尾に -est を加えて作ります。

- This year I've been studying *hardest* in my life.
 (今年私は生涯で最も熱心に勉強している)

長い語の場合は, 前に most を加えて最上級を作ります。

- The last question was *the most difficult*.
 (最後の問いが最も難しかった)

● against the wind＝風に向かっている, 向かい風だ；**against** は「〜に反(対)して」の意味の前置詞です。

- I'm *against* his opinion.
 (私は彼の意見に反対です)

● with the wind＝風とともに→風を受けている；with は「〜に賛成して」の意味でも使います。

- I'm *with* you. (君に賛成だ)

# 47.

> **There is more to life than increasing its speed.**
> (ガンディー)

訳：人生には速度を上げること以上の意味がある。

意味：急ぐばかりが人生ではない。

●ガンディー

Gandhi, Mohandas Karamchand
尊称：Mahatma

---

1869-1948　インドの独立運動指導者。非暴力主義者。

## 47　There is more to life than increasing its speed.

● **There is more to 〜 than ...** ＝〜には…よりも多くのもの[意味]がある；一種の決まり文句です。

- *There is more to* the student *than* meets the eye.
  (その生徒には見かけ以上のものがある[見かけによらず優秀だ])

● life は live(生きる，住む)の名詞形で，「生命」「生活」「人生」などの意味。ここでは「人生(一般)」の意味で，前に a や the をつける必要はありません。

- *Life* is like a voyage.
  (人生は航海のようなものだ)

● increasing its speed ＝それ[人生]のスピードを増やすこと；increase(増加する)に *ing* を加えて，increasing(増加すること)という**動名詞**にしたものです(→#30)。

# 48.

## I am a part of everything that I have read.

(セオドア・ローズヴェルト)

訳:私は,自分がこれまでに読んだすべての
ものの一部である。

## 48　I am a part of everything that I have read.

● everything that I have read ＝ 私が今までに読んだすべてのもの；that は**関係代名詞**で，省略することもできます。また，have read everything（すべてのものを読んだ）という関係が成り立ちます。次の例も同様です。

- English is a subject (*that*) I like.

  （英語は私の好きな科目です）
- All (*that*) I need is a good friend.

  （私が必要とするすべてのものは，1人のよい友人だ
  →私は1人のよい友人がいさえすればよい）

● have read は**現在完了形**です。「私が今までに読み終えたもの」(完了)，「私が今までに読んだことのあるもの」(経験)のどちらの意味に解釈してもかまいません(→＃45)。

# 49.

## Whatever you are, be a good one.

(エイブラハム・リンカン)

訳:あなたが何になろうと,優れたものになりなさい。

●エイブラハム・リンカン
Lincoln, Abraham

1809-65 アメリカ合衆国第16代大統領。奴隷解放宣言を発する。

## 49　Whatever you are, be a good one.

● whatever のような〈疑問詞＋ever〉の形の語は，「**たとえ～でも**」という意味を含んでいます。これは，ever がもともと「いったい～だろうか」という疑問詞を強調する意味を持つからです。したがって，whatever you are は「たとえあなたが(いったい)何になろうと」ということ。**no matter what** you are とも言います。こちらは It is *no matter what* you are.（あなたが何であるかは問題ではない）という表現がもとになっています。

● be a good one は**命令文**。be は「～である」という意味で，Be careful. なら「注意深くありなさい→注意しなさい」となります。

● **one** はここでは「あなたがなったもの」を指します。次のような言い方を参考にするとよいでしょう（→ #36）。

- If you become a lawyer, be a good *one* [=lawyer].
（もしあなたが弁護士になるなら，よい弁護士になりなさい）

# 50.

## In the middle of difficulty lies opportunity.

(アルベルト・アインシュタイン)

訳:困難の真ん中には機会[チャンス]がある。

●アルベルト・アインシュタイン
Einstein, Albert

1879-1955 アメリカ(ドイツ生まれ)の理論物理学者。特殊相対性理論を発表,のちに一般相対性理論を完成。ノーベル物理学賞受賞。

## 50　In the middle of difficulty lies opportunity.

● **lie** [lái] = ある，存在する；過去形は lay [léi]，過去分詞は lain [léin] です。

● **in the middle [center] of ～** = ～の真ん中に

●ふつうの語順に直すと，次のようになります。

- <u>Opportunity</u> <u>lies</u> in the middle of difficulty.
  　　S　　　　　V

このような形の文では，文の最後に置かれた「場所」を表す語句(in the middle of difficulty)を，文頭に移動することがあります。すると〈**S + V**〉→〈**V + S**〉**の倒置**が起こります。次の例も同様です。

- The detective opened the door. On the floor <u>was</u> <u>a dead body</u>.
  　　　　　　　　　　　　　　　　　　　　　V　　　S

（探偵はドアを開けた。床の上にあったのは死体だった）

　この形の文では，文の最後に置かれた主語(下線部 S)が伝えたい情報の中心になります。英語では最も重要な情報を文の最後に置く傾向があるからです。これを**文末焦点**(の原理)と言います。

# 51.

## The secret of getting things done is to act!

(ダンテ・アリギエーリ)

訳:物事を成し遂げる秘訣は,行動することだ!

● ダンテ・アリギエーリ
Dante Alighieri

1265-1321 イタリアの詩人,哲学者。「地獄篇」「煉獄篇」「天国篇」からなる叙事詩『神曲』などの作品がある。

## 51　The secret of getting things done is to act!

● **secret** は，この文では「秘密」ではなく「秘訣」という意味です。key(鍵)にもその意味があり，たとえば「成功の秘訣」は the *secret* of success または the *key* to success と言います。

● get は「手に入れる」ですが，この文では **get things done** が「物事がなされた状態を手に入れる→物事を成し遂げる」という意味になります。次の例も同様です。

- I can't *get my car started.*
  （車のエンジンがかからない）
  - 「私は車が始動された状態を手に入れることができない」ということ。
- *Get the bath ready.* （お風呂をわかして）
  - 「お風呂が準備できている状態を手に入れなさい」ということ。

● 文全体は **S is C.** (**S** は〜することだ)の形(→ #28)。次の文と同じ構造です。

- <u>My dream</u> <u>is to become a voice actor.</u>
  　　S　　　　　　　　C
  （私の夢は声優になることです）

# 52.

# Believe and act as if it were impossible to fail.

(チャールズ・ケタリング)

訳:失敗することはありえないと信じて行動しなさい。

●チャールズ・ケタリング
Kettering, Charles Franklin

1876-1958　アメリカの発明家。

## 52　Believe and act as if it were impossible to fail.

●全体は命令文で，Believe and act は「信じて行動しなさい」という意味です。

● **as if** = まるで〜であるかのように

- She speaks English *as if* she <u>were</u> a native speaker.
（彼女はまるでネイティブスピーカーのように英語を話す）

下線部の were は**仮定法過去**で，「実際にはそうではないのだが」という意味を含んでいます。仮定法過去は主語が何であっても be 動詞が were になります。この名言の were も同様で，as if it *were* impossible to fail は「（実際には失敗することもあるけれど）まるで失敗することはありえないかのように」という意味になります。

● **it** は**形式主語**で，後ろの to fail を指しています。次の文の it も同じ使い方です（→ #22）。

- *It* is important *to save* electricity.
（電気を節約することは大切だ）
    - It ＝ to save electricity

# 53.

## You must do the thing you think you cannot do.

(エレノア・ローズヴェルト)

訳:自分ができないと思うことをやらねばならない。

●エレノア・ローズヴェルト
Roosevelt, Anna Eleanor

1884-1962 アメリカの政治家,外交官。民主党リベラル派に属し,婦人有権者同盟や婦人労働組合同盟を指導。

## 53　You must do the thing you think ...

● You must do the thing は「あなたはそのことをしなければならない」。この the thing を，後ろの you ... do がくわしく説明しています。

● the thing 以下は，次の文をもとにしています。

- You think (that) you cannot do <u>the thing</u>.
  （あなたは自分には<u>そのこと</u>をすることができないと思う）

この文から the thing を前に出すと，「そのこと＋あなたは自分にはすることができないと思う」となり，「自分にはすることができないと思うこと」という意味になります。次の文と理屈は同じです。

- I think (that) Tom loves <u>the girl</u>.
  （トムはその女の子が好きだと私は思う）
→<u>the girl</u> I think Tom loves
  （トムが好いていると私が思う女の子）

→<u>The girl</u> I think Tom loves is Judy.
　　S　　　　　　　　　　　V
  （トムが好いていると私が思う女の子はジュディだ）

# 54.

## What is not started today is never finished tomorrow.

(ゲーテ)

訳:今日始め(られ)なかったことは,決して明日終わらない。

## 54 What is not started today is never...

● what には「何」という意味もありますが，この文は最後に「?」がついていないので，「何ですか」という疑問文ではありません。したがって，**what** は **the thing(s) that** の意味の**関係代名詞**と考えられます(→#39)。what is not started today は the thing that is not started today(今日始められない[着手されない]こと)です。これが文の主語(S)です。is started は「開始される」という意味の**受動態**です(→#3)。

● その後ろに，is never finished tomorrow(決して明日終えられない)が続いています。この is finished も「終えられる」という受動態。文全体の意味は「明日何かを終えようと思えば，今日始めなければならない→行動を起さなければ何も始まらない」ということです。

# 55.

## There is no greater harm than that of time wasted.

(ミケランジェロ)

訳:時間の浪費という害ほど大きな害はない。

●ミケランジェロ
Michelangelo Buonarroti

1475-1564 イタリアの彫刻家,画家,建築家,詩人。『ピエタ』『ダビデ』(彫刻),『最後の審判』(壁画)などの作品がある。

## 55　There is no greater harm than that of time wasted.

● There is no greater harm は「より大きな害はない」という意味。greater は great（大きな）という形容詞の**比較級**です（→#9）。その後ろに than 〜（〜よりも）という比較の相手が続いています。比較級はこのように使います。

- Brazil is *larger* than Australia.
  （ブラジルはオーストラリアよりも広い）

● that は the harm の代わりに使われています。このように，**同じ名詞のくり返しを避ける**ために **that** を使うことがあります。

- The population of Brazil is larger than *that* of Australia.
  （ブラジルの人口は，オーストラリアの人口より多い）
  - that = the population

● time *wasted* は「浪費された時間」の意味。このように〈**名詞＋過去分詞**〉が「〜された○○」という意味を表すことがあります。time *left* は「残された時間」，people *invited* は「招待された人々」です。

# 56.

## The more we do, the more we can do.

(ウィリアム・ハズリット)

訳:多くのことをすればするほど,もっと多くできるようになる。

● ウィリアム・ハズリット
Hazlitt, William

1778-1830 イギリスの著作家,批評家。

## 56 The more we do, the more we can do.

● **The** + 比較級 〜, **the** + 比較級 ... = 〜すればするほど，それだけいっそう…

- *The harder* you practice, *the better* you can speak English.
  (熱心に練習すればするほど，あなたは英語をそれだけ上手に話せます)
- *The sooner, the better.*
  (早ければ早いほどよい)
- *The more* haste, *the less* speed.
  (急げば急ぐほどスピードが落ちる[せいては事をしそんじる])

● **more** は much の比較級で，「**より多く**」ということ(→ # 35)。次の場合も同様です。

- My father eats *more* than I do.
  (父は私よりたくさん食べます)
- I want to learn *more* about psychology.
  (私は心理学についてもっとたくさん学びたい)

# 57.

**A wise man never loses anything, if he has himself.**

(モンテーニュ)

訳：自分自身を持っていれば，賢者は決して何も失わない。

● モンテーニュ

Montaigne, Michel Eyquem de

1533-92 フランスの思想家（モラリスト），政治家。『エセー（随想録）』などの著作がある。

57　A wise man never loses anything, if he has himself.

● **man** は「男の人」ですが，かつては「**人間（一般）**」の意味でも使われました。これは社会が男性優位だったことの反映であり，今日では男女の両方を意味する person（人）や，その複数形の people（人々）を使います。この名言を現代英語に直せば，次のようになります。

- People never lose anything, if they have <u>themselves</u>.

また，you や we を使ってもかまいません。

- You never lose anything, if you have <u>yourself</u>.
- We never lose anything, if we have <u>ourselves</u>.

● 上の各文の下線部は，それぞれ「彼ら自身」「あなた自身」「私たち自身」の意味。このような意味を表す代名詞を，**再帰代名詞**と言います。たとえば if we have ourselves は「もし私たちが私たち［自分］自身を持っていれば→自分に自信があれば」という意味です。

# 58.

**Life is like riding a bicycle. To keep your balance you must keep moving.**

(アルベルト・アインシュタイン)

訳:人生とは自転車のようなものだ。倒れないようにするには走り続けなければならない。

## 58　Life is like riding a bicycle. To keep your balance ...

● **like**＝〜のように（前置詞）（→ # 6）

- That rock looks *like* a human face.
（あの岩は人間の顔のように見える）
- What is your new teacher *like*?
（新しい先生はどんな人ですか）

● riding＝乗ること（動名詞）；like riding a bicycle で「自転車に乗ることのような」という意味です。

● to keep your balance＝バランスを保つために（は）；to keep は目的を表す不定詞です。文の最初に不定詞があれば，「〜するために」の意味だと考えてかまいません。

- *To become* a lawyer, you must study hard.
（弁護士になるためには，猛勉強しなければならない）

● **keep**＋**〜ing**＝〜している状態を保つ→〜し続ける

- The baby *kept crying*.（赤ちゃんは泣き続けた）

# 59.

## One that would have the fruit must climb the tree.

(トーマス・フラー)

訳:果実を手に入れたい者は,木に登らなければならない。

意味:努力しなければ成果は得られない。

● トーマス・フラー

Fuller, Thomas

1608-61　英国教会の牧師。

59　One that would have the fruit must climb the tree.

● **one that [who] 〜 = 〜する人**；one は「(一般の)人」を表します。文語的な表現です。

● would = 〜したい；have は get の意味。現代語ふうに表現すると，次のようになります。

- <u>People who want to get the fruit</u> <u>must climb</u> <u>the tree.</u>
  　　　　　　S　　　　　　　　　　　V　　　　O

● **must = 〜しなければならない**(助動詞)；**have [has] to** もほぼ同じ意味を表します。

- You *must* practice hard.
  = You *have to* practice hard.
  (君は熱心に練習しなければならない)

ただし，否定文では意味が違います。

- You *must not* use your dictionary.
  (君は辞書を使ってはならない)
  - **must not 〜 = 〜してはならない**
- You *don't have to* use your dictionary.
  (君は辞書を使う必要はない)
  - **don't [doesn't] have to + 動詞の原形 = 〜しなくてよい，〜する必要はない**

# 60.

## He who knows best knows how little he knows.

(トーマス・ジェファソン)

訳:最もよく知っている[知恵のある]人は,自分がどれほど少ししか知らないかを知っている。

● トーマス・ジェファソン
Jefferson, Thomas

1743-1826 アメリカ合衆国第3代大統領。独立宣言を起草した。

## 60 He who knows best knows how little he knows.

●文全体は次のような形です。

- <u>He who knows best</u> <u>knows</u> <u>how little he knows</u>.
  　　　　S　　　　　　V　　　　　　O

● **he who 〜** = **〜 する 人**(one who 〜)；he who knows best は「最もよく知っている人」。たとえば「私は彼をよく知っている」は，I know him well. と言います。この well の最上級が best です。

● how little he knows = 自分がどれほど少ししか知らないか(ということ)；**little** は「**ほとんどない**」。

- I know *little* about soccer.
- = I know *only a little* about soccer.
  （私はサッカーについてはほとんど知りません）

一方，a little は「少し(は)ある」の意味です。

- I know *a little* about soccer.
  （私はサッカーについて少し(は)知っています）

a のあるなしの違いは少し区別しづらいので，会話で「ほとんどない」と言いたいときは，しばしば little の代わりに **only a little** を使います。

# 61.

> Tell me what company you keep, and I'll tell you what you are.

（ミゲル・デ・セルバンテス）

訳：君がどんな仲間と付き合っているかを教えてくれ，そうすれば君がどういう人間かを君に教えてあげよう。

●ミゲル・デ・セルバンテス

Cervantes Saavedra, Miguel de

1547-1616　スペインの作家。『ドン・キホーテ』などの作品がある。

## 61　Tell me what company you keep, and I'll tell you what you are.

● Tell me 〜は「私に〜を教えなさい」という意味の命令文。〈**命令文＋and ...**〉は「**〜しなさい, そうすれば…**」という意味です（→ # 32）。

● **tell ＋ O₁[人] ＋ O₂[ことがら] ＝ O₁ に O₂ を教える**

- Could you *tell me the way* to the station？
  （駅へ行く道を教えていただけますか）

● what company you keep ＝ あなたがどんな仲間と付き合っているか；keep company（with 〜）（（〜と）付き合っている）という表現がもとになっています。

- Desert and reward seldom keep company.
  （功績と報酬はめったに付き合わない［功績が正当に評価されることは少ない］）

● **what you are** は「あなたが何者かということ」。What are you？は「あなたの仕事は何ですか（What do you do？）」の意味でも使います。

# 62.

# Happy is he who knows his follies in his youth.

訳：若いときに愚行を経験する人は幸せである。

意味：若いころに愚かなことをした人は，(それを反省して立派な大人になれるチャンスが得られるので)幸せだ。

62　Happy is he who knows his follies in his youth.

● **he [one] who 〜** = 〜する人；文語的な表現です（→ #60）。

● follies は folly「愚行，愚かな行い」の複数形。

● **in one's youth** = 若いときに，青年期に；「子どものころに」は in one's childhood と言います。

● he 以下が主語(S)。ふつうの語順に直すと，次のようになります。

- <u>He who knows his follies in his youth</u> <u>is</u> <u>happy</u>.
  　　　　　　　S　　　　　　　　　　　　　　V　　C

＝S は幸せだ。

　このことわざでは，「幸せなのはどんな人かと言えば，〜な人だ」という感覚で Happy が最初に置かれています。次の文でも，be 動詞の前後が入れ替わっています。

- <u>So shocked</u> <u>was</u> <u>she</u> that she couldn't speak.
  　　C　　　　　V　　S

（彼女はとてもショックを受けたので，言葉が出なかった）

# 63.

## Live as if you were to die tomorrow. Learn as if you were to live forever.

（ガンディー）

訳：明日死ぬかのように生きなさい。永遠に生きるかのように学びなさい。

意味：今を大切に生きて，死ぬまで学び続けなさい。

● **as if 〜 = まるで〜であるかのように**（接続詞）；この文では，動詞が仮定法過去（were）になっています（→ #52）。仮定法過去は「実際にはそうではないのだが」という意味を含む動詞の形で，先に説明したように，be 動詞は主語が何であっても were を使うのが原則です。

- She always treats me as if I were a child.
  （彼女はいつも私をまるで子ども（であるか）のようにあつかう）

●⟨**be 動詞 + to + 動詞の原形**⟩の本来の意味は「〜する方へ向かっている」ということ。「〜する予定だ」などの意味で使うフォーマルな言い方です。

- They *are to hold* the general meeting next month.
  （彼らは来月総会を開く予定です）

　この名言中では，⟨be 動詞 + to die⟩が「死ぬ方へ向かっている→死ぬことになる，死ぬ運命である」という意味を表しています。

# 64.

## Your friend is the man who knows all about you and still likes you.

(エルバート・ハバード)

訳:友人とは,あなたのことをすべて知っていて,それでもあなたが好きな人である。

## 64　Your friend is the man who knows all about you ...

●文全体は **S is C.** (**S は C だ**)という形(→ #8)。C に当たるのは the man 以下です。the man の後ろに**関係代名詞の who** で始まる修飾語が続いています。

the man [who <u>knows all about you</u> and <u>still likes you</u>]
　　　　　　　　X　　　　　　　　　　　　Y

　X は「あなたについてすべてのことを知っている」, Y は「それでもなおあなたを好む」という意味です。

# 65.

## What is a weed? A plant whose virtues have not yet been discovered.

(ラルフ・ワルド・エマーソン)

訳：雑草とは何か？ （それは）自らの持つ美点がまだ発見されていない植物である。

意味：今は注目されていない人も，将来は美点が発見される[立派になる]かもしれない。

## 65　What is a weed? A plant whose virtues...

●第2文は文の形になっていませんが，<u>It is a plant whose ...</u> の下線部が省略された形です（it = a weed）。この形をもとにして，次のように考えます。

(a) <u>It</u> is a plant.
　（それ[雑草]は植物である）

(b) <u>Its</u> virtues have not yet been discovered.
　（その（雑草の）美点はまだ発見されていない）

(b)の its を関係代名詞の whose に置き換えて a plant に続ければ，whose 〜 discovered が「どんな植物か」をくわしく説明する形ができます。

● have (not) been discovered は，①**現在完了形**（have + <u>過去分詞</u>）と②**受動態**（<u>be</u> + 過去分詞）を組み合わせた形。①と②をつなぐと，下線部が been（be の過去分詞）に変わって，〈**have + been + 過去分詞**〉となります。

- The schedule *has been changed*.
　（予定は変更されています）

# 66.

## Every man dies. Not every man really lives.

(ウィリアム・ウォレス)

訳:すべての人は死ぬ。(しかし)すべての人が本当に生きる[充実した生き方をする]わけではない。

●ウィリアム・ウォレス
Wallace, William

1270 頃-1305　スコットランドの愛国者。

## 66　Every man dies. Not every man really lives.

● every は「すべての〜」で，後ろに単数形の名詞を置きます。また，「すべての人」は everyone です。これらが主語のとき，動詞は単数で受けます。

- *Everyone* hopes for peace.
  （誰もが平和を望んでいる）

hopes の s は，**3 単現の s** です（→p. 3）。第 1 文（Every man dies.）でも，die に 3 単現の s がついています。

● **not + every 〜 = すべての〜が…というわけではない**；このように「全部が[完全には]〜ではない」という意味の否定を，**部分否定**と言います。

- Information on the Internet is*n't always* correct.
  （インターネット上の情報は常に正しいわけではない）
  - 〈not + always〉は「常に〜だというわけではない」。「常に正しくない」という意味ではありません。

# 67.

> Life can only be understood backwards; but it must be lived forwards.

（キルケゴール）

訳：人生は後ろ向きにしか理解できないが，前を向いて生きねばならない。

● **only** は「(ただ)〜だけ」の意味で,さまざまな語を修飾できます。ふつうは修飾する語の前に起きます。

- I play video games *only* on Sundays.
  (私は日曜日だけテレビゲームをします)

しかし特に会話では,しばしば only を前に出します。その場合,only が修飾する語を強く読みます。上の文は次のようにも表現できます。

- I ónly play video games on Súndays.

この名言の場合も,only は離れた位置にある backwards を修飾しています。

● it must be lived の it は life のこと。**live a (〜) life**((〜な)生活を送る)という表現がもとになっています。

- I want to *live a leisurely life* in the country.
  (私はいなかでのんびり暮らしたい)

● **-ward(s)** は「〜の方へ」という意味の語尾で,イギリス英語ではsをつけます。toward(s)(〜の方へ),inward(s)(内側へ),eastward(s)(東へ)など,この語尾を持つ語は多くあります。

# 68.

**We don't stop playing because we grow old ; we grow old because we stop playing.**

（バーナード・ショー）

訳：年をとるから遊ぶのをやめるのではない。遊ぶのをやめるから年をとるのだ。

意味：遊んでいる人の方が年をとらない。年をとっても元気に遊ぼう。

●バーナード・ショー
Shaw, George Bernard

1856-1950　イギリス(アイルランド)の劇作家，小説家，批評家。ノーベル文学賞受賞。『ピグマリオン』などの作品がある。

●前半は，We don't stop playing の部分だけで考えると「私たちは遊ぶのをやめない」という意味になりますが，そうではありません。次のように考えます(→ # 3)。

We don't stop playing <u>because we grow old</u>.

つまり，「遊ぶのをやめるのは，<u>年をとるからではない</u>」ということです。次の文と同じ理屈です。

- I didn't go to the hospital <u>because I was sick</u>.

   (私は病気だったから病院へ行ったのではない[別の理由で行ったのだ])
   - NOT + [I went to the hospital because I was sick]ということ。このように，〈**not + because 〜**〉は「**〜だからといって…というわけではない**」という意味になることがあります。

# 69.

**Our greatest glory is not in never failing, but in rising every time we fail.**

(オリバー・ゴールドスミス)

訳：私たちの最高の栄光は，決して失敗しないことではなく，失敗するたびに立ち上がることにある。

●オリバー・ゴールドスミス
Goldsmith, Oliver

1728?-74　イギリスの小説家，詩人，劇作家。

● **not X but Y＝X ではなく Y**；文全体は次の形です(→ # 15)。

- Our greatest glory is *not* in X, *but* in Y.
  (私たちの最高の栄光は，X(の中)にあるのではなく，Y(の中)にある)

● never failing は「決して失敗しないこと」。**前置詞**(in)の後ろに「～すること」という意味の語を置くときは，動詞(fail)を**動名詞**(failing)にします(→ # 19)。

- He makes his living *by writing* novels.
  (彼は小説を書くことによって生計を立てている)

● **every time＝～するたびに**(接続詞)；whenever で言い換えられます。

- I buy this cake for my family *every time* [*whenever*] I come to Osaka.
  (私は大阪へ来るたびに家族にこのお菓子を買います)

# 70.

## Life isn't worth living, unless it is lived for someone else.

(アルベルト・アインシュタイン)

訳：ほかの誰かのために生き(られ)ない限り，人生には生きる価値がない。

意味：ほかの誰かのために生きてこそ，人生は生きる価値がある。

- アインシュタインの言葉：Only a life lived for others is worth living. という説もある。

## ● **worth + ～ing** = ～される価値がある

- This book is *worth reading.*
(この本は読まれる価値がある)

● live life は「人生を生きる」。したがって Life isn't worth living は「人生は生きられる価値がない」という意味になります。

## ● **unless** = ～でない限り（接続詞）

- *Unless* it rains, the festival will be held next Sunday.
(雨が降らない限り，お祭りは今度の日曜日に行われます)

名言の it は前の life（人生）を指しており，it is lived は「それ[人生]が生きられる」という意味です。したがって unless 以下は，「人生がほかの誰かのために生きられない限り」となります。

# 71.

**It is not enough to be busy; so are the ants. The question is: What are we busy about?**

(ヘンリー・ソロー)

訳:忙しいだけでは不十分だ。アリだって忙しいのだから。問題は,何をするのに忙しいかだ。

## 71  It is not enough to be busy; so are the ants. The question is: ...

● it は**形式主語**で，後ろの to be busy（忙しいこと）を指します（→ #22）。つまり It is not enough to be busy は「忙しいことは十分ではない」という意味です。

● **so + V + S = S もまたそうだ**；so are the ants は「アリもまたそうだ[忙しい]」ということ。

- "I'm hungry." *"So am I."*
  （「おなかがすいた」「ぼくもそう[空腹]だ」）

●**コロン**（:）は「これから（具体的に）説明します」と予告する働きをします。

- We are short of three things: time, manpower, and money.
  （私たちには3つのものが足りない，それは時間，人手，そしてお金だ）

● be busy about 〜 = 〜について[〜をするのに]忙しい

# 72.

> **Take time to deliberate, but when the time for action comes, stop thinking and go in.**

(ナポレオン・ボナパルト)

訳：じっくり考えろ。しかし行動するときが来たら，考えるのをやめて進め。

●ナポレオン・ボナパルト
Napoléon Bonaparte

1769-1821　フランス皇帝。外征に重点をおき，ヨーロッパ大陸の大部分を支配下に置くが，その後ロシア遠征の敗北などにより皇帝を退位。

## 72　Take time to deliberate, but when the time for...

● **take time**＝時間をかける，ゆっくりやる

● deliberate＝熟考する，よく考える

● the time for action＝行動の(ための)時，行動すべき時

● **stop＋〜*ing*＝〜することをやめる**；この意味では不定詞は使えません。

- It will *stop raining* [×to rain] in the evening.
（夜には雨は降りやむだろう）

　一方，「〜し始める」と言いたいときは，start や begin の後ろに動名詞と不定詞の両方を置くことができます。

- It will *start raining* this evening.
= It will *start to rain* this evening.
（今夜には雨が降り始めるだろう）

# 73.

## What the fool does in the end the wise man does in the beginning.

訳:愚者が最後にすることを,賢者は最初にする。

73 What the fool does in the end the wise man does in the beginning.

● この文は,〈**O + S + V**〉という特殊な形になっています。

- <u>What the fool does in the end</u> <u>the wise man</u>
  　　　　　O　　　　　　　　　　　　S

  <u>does</u> in the beginning.
  　V

ふつうの語順に直すと次のようになります。

- The wise man does O in the beginning.
= 賢者は O を最初にする。

● what は the thing(s) that の意味の**関係代名詞**。what I like(私が好きなもの), what she said(彼女が言ったこと)のように使います(→ #39)。

● **in the end**=**最後に, 結局**(finally, eventually)

- I'm sure we will succeed *in the end*.
  (私たちはきっと最後には成功するだろう)

● **in [at] the beginning**=**最初に**

- Read this manual *in the beginning*.
  (最初にこのマニュアルを読みなさい)

# 74.

**When it rains on your parade, look up rather than down. Without the rain, there would be no rainbow.**

(G. K. チェスタトン)

訳:パレード中に雨が降っても,うつむかないで見上げよう。雨がなければ虹は出ないのだ。

意味:苦しいことがあっても,下を向かずに希望を持とう。

● G. K. チェスタトン
Chesterton, Gilbert Keith

1874-1936 イギリスの作家,詩人,批評家。『新ナポレオン奇譚』などの作品がある。

74 When it rains on your parade, look up rather than...

● **X rather than Y** = **Y よりもむしろ X**；look up rather than down は「下よりもむしろ上を見る」。look が原形なのは,「見なさい」という命令文だからです。このように, 命令文の前に別の言葉がある形に注意しましょう。

- When you have any questions, *feel* free to ask me.
  (質問があるときは, 気軽に私に尋ねてください)

● **without** = **もし〜がなければ**；there would be no rainbow の would は**仮定法過去**です(→ #52)。第2文は「もし雨がなければ, 虹は(出)ないだろう→しかし実際は雨が降るから虹が出るのだ」ということ。

- *Without* music, the world would be boring.
  (もし音楽がなければ, 世界は退屈だろう)

# 75.

> Do not go where the path may lead, go instead where there is no path and leave a trail.

(ラルフ・ワルド・エマーソン)

訳：道が（あらかじめ）通じているところへは行かず，代わりに道がないところへ行って足跡を残しなさい。

意味：先人の歩んだ道を踏襲するのではなく，誰も歩んだことのない道を進みなさい。

75　Do not go where the path may lead, go instead...

● **where** ＝ 〜するところに（接続詞）

- Put the book back *where* it was.
（その本をもとあったところに戻しなさい）
- *Where* there is a will, there is a way.
（意志のあるところに道がある［精神一到何事か成らざらん］）

この where は，（前に先行詞を持つ）**関係副詞の where** と混同しやすいので注意してください。

- I work for a company *where* my father used to work.

（私は以前父が勤めていた会社に勤めています）

● **path** は人や動物に踏み慣らされて自然にできた道で，ここでは「先人が歩んだ道」という意味です。**trail** も似た意味ですが，ここでは自らの足で歩んだ結果としてできる道（足跡）のことです。

# 76.

**Difficulties will be seen merely as hurdles to be cleared on the way to success.**

(アルフレッド・アドラー)

訳：困難は成功へ向かう途上で越え(られ)るべきハードルにすぎないと考えられるだろう。

●アルフレッド・アドラー
　Adler, Alfred

1870-1937　オーストリアの精神病学者，心理学者。精神分析学の一派をたて，「個人心理学」と称した。

76 Difficulties will be seen merely as hurdles to be cleared...

● **see A as B＝AをBとして見る，AはBだと考える**；このAを主語にすると，A is seen as B. (AはBだと考えられる)という文ができます。この名言は，その is を will be に置き換えたものです。

● merely＝ただ〜にすぎない(only)

● hurdles to be cleared＝クリアされるためのハードル→乗り越え(られ)るための障害

- The charity concert *to be held* on Sunday will attract a lot of people.
  (日曜日に行われる(予定の)チャリティーコンサートは，多くの人々を引き寄せるだろう)

● **on the [one's] way to 〜＝〜へ行く[〜に至る]途中で**

- He had an accident *on his way to* work.
  (彼は仕事に行く途中で事故にあった)

# 77.

**In most things success depends on knowing how long it takes to succeed.**

(モンテスキュー)

訳：ほとんどの場合，成功は成功するまでどれほどの時間が必要かを知っているかどうかに左右される。

● モンテスキュー

Montesquieu, Charles Louis de Secondat, Baron de La Brède et de

1689-1755 フランスの哲学者，政治学者。『法の精神』などの著作がある。

## 77　In most things success depends on knowing ...

● **depend on ～**＝**～に依存している，～に左右される**；文全体は次のような構造です。

(In most things) <u>success</u> <u>depends on</u> ～
　　　　　　　　　S　　　　　V
＝（ほとんどのことにおいて）成功は～に左右される

● how 以下は，次の疑問文がもとになっています。

- How long does it take to succeed?
  （成功するにはどのくらい時間がかかりますか）

**take** は「**時間がかかる**」の意味で，不定詞と組み合わせて次のように使います。

- *It takes* <u>ten minutes</u> *to install* this software.
  （このソフトをインストールするのに 10 分かかる）

この下線部をたずねる疑問文は，次のようになります。

- <u>How long</u> *does it take to install* this software?
  （このソフトをインストールするのにどのくらい時間がかかりますか）

# 78.

**I have never met a man so ignorant that I couldn't learn something from him.**

（ガリレオ・ガリレイ）

訳：学べるところが何もないほどの愚か者に私は会ったことがない。

●ガリレオ・ガリレイ
Galilei, Galileo

1564-1642　イタリアの物理学者，天文学者。コペルニクスの地動説に一証を与えた。近代自然科学の祖と称される。

## 78  I have never met a man so ignorant that I couldn't learn …

● I have never met <u>a man</u> は「私は一度も人に会ったことがない」。この a man の後ろに,「どんな人か」を説明する言葉が続いています。a man (who is) so ignorant ... のカッコ内が省略された形と考えてもかまいません。

● **so ～ that ...** = とても～なので…

- This curry is *so* hot *that* I can't eat it.
（このカレーはとても辛いので，私には食べられない）

したがってこの名言の so 以下は,「とても無知(ignorant)なので，私はその人から何かを学ぶことができない」という意味になります。something が anything なら, not と結びついて「何も学ぶことができない」という意味になりますが，この文では「どんな無知な人からでも<u>何か</u>を学ぶことができる」という意識が働いているので, something が使われています。

# 79.

**It's never too late to be who you might have been.**

(ジョージ・エリオット)

訳：なれたかもしれない人になるのに遅すぎるということは決してない。

意味：その気になれば，いつでも理想の自分になれる。

● ジョージ・エリオット
Eliot, George

1819-80　イギリスの小説家。『ミドルマーチ』『サイラス・マーナー』などの作品がある。

## 79　It's never too late to be who you might have been.

● **It is too late to** + 動詞の原形 = ～するには遅すぎる

- *It's too late to change* the schedule.
（予定を変えるには遅すぎる）

この文では never（決して～ない）が入っているので、「～するには遅すぎるということは決してない→いつ始めても間に合う」という意味になります。

- *It's never too late to learn.*
（学ぶのに遅すぎるということはない）《ことわざ》

● who は関係代名詞で、the person who の意味。the reason why ～（～である理由）の the reason が省略されるのと同じです。

● **might have** + 過去分詞 = ～した[だった]かもしれない；who you might have been は「あなたがなったかもしれない人」という意味です。

- I *might have left* my smartphone somewhere.
（どこかにスマホを置き忘れたかもしれない）

# 80.

## Success usually comes to those who are too busy to be looking for it.

(ヘンリー・ソロー)

訳：成功を求める時間もないほど忙しい人のところへ，成功は訪れる。

意味：成功しようと考えるひまもないほど一生懸命に生きている人こそが，たいてい成功する。

●文全体は，次のような形です。

<u>Success</u> (usually) <u>comes</u> to 〜
　S　　　　　　　V
＝成功は(たいてい)〜のところに来る


● **those who** 〜＝〜な人々(people who 〜)

● **too 〜 to ＋動詞の原形**＝…するには〜すぎる
→とても〜なので…できない；those 以下の意味
は「とても忙しいのでそれ[＝成功]を探すことが
できない人々」。

- I was *too busy to have* lunch today.
  (今日は昼食をとるには忙しすぎた[忙しくて昼食を
  とれなかった])

● **look for** 〜＝〜を探す
- I'm *looking for* a full-time job.
  (私は常勤の職を探しています)
  - hunt for a job とも言います。求職者は a job
    hunter です。

# 81.

## Quality means doing it right when no one is looking.

(ヘンリー・フォード)

訳:品質とは,誰も見ていないときにきちんとやるという意味だ。

意味:品質を保つためには,誰も見ていないときにもきちんとやる必要がある。

81　Quality means doing it right when no one is looking.

●文全体は，次のような形です。

Quality means doing 〜＝品質は〜することを意味する
　S　　　V　　　O

● doing は**動名詞**で，doing it right は「正しくやる[手抜きをしない]こと」です。この it は特定のものを指して「それ」と言っているのではなく，ばくぜんとその場の状況を指しています。このような it は，英語ではよく見られます。

- I *got it*.（わかったよ[了解]）
- You *did it*!（(ついに)やったね）
- *Take it easy*.（気楽にやりなさい）
- We *made it* for the game.
（私たちは試合に間に合った）

● **no one＝誰も〜ない**
- *No one* can tell what will happen tomorrow.
（明日何が起こるかがわかる人は誰もいない）

# 82.

**If you've never eaten while crying, you don't know what life tastes like.**

(ゲーテ)

訳:泣きながら食べたことが一度もなければ,人生がどのような味なのかわからない[涙とともにパンをかじった者でなければ,人生の味はわからない]。

● while crying ＝泣いている間に，泣きながら；**while** は「〜している間に」という意味の接続詞で，while (you are) crying のカッコ内が省略された形です (→ #2)。

- Don't use your smartphone *while* (you are) *eating.*
  (食べながらスマホを使ってはいけません)

● **taste like 〜**＝〜のような味がする；what 以下は，次の疑問文がもとになっています。

- What does life *taste like*?
  (人生はどのような味がしますか)

似た形に，look like 〜 (〜のように見える)，sound like 〜 (〜のように聞こえる) などがあります (→ #6)。

- This puppy *looks like* a kitty.
  (この子犬は，子ネコみたいに見える)

# 83.

**Whatever you can do or dream you can, begin it. Boldness has genius, power and magic in it!**

(ゲーテ)

訳:自分にできること,あるいはできると夢見ていることは何でも,(今すぐ)始めよ。大胆さの中には天才,力,魔法がある!

## 83 Whatever you can do or dream you can, begin it. ...

● **what, who, how** などの疑問詞に **-ever** を加えると，「**たとえ〜でも**」という意味になります(→ #49)。whatever you <u>can do</u> は「あなたが(たとえ)何をすることができるとしても」です。また whatever you <u>dream you can (do)</u> は「あなたが(たとえ自分は)何ができると夢見ていたとしても」。これらの下線部を or で結びつけると，この名言の Whatever ... can の部分ができます。begin it は「それを始めなさい」という意味の命令文です。

● 第2文には，**X, Y and Z**(X と Y と Z)の形が含まれています。

- <u>Boldness</u> <u>has</u> <u>genius, power and magic</u> in it!
   　S　　　V　　　　　O

文全体は「大胆さ(boldness)は，その中に O を持っている」という意味になります。

# 84.

**The best way to cheer yourself is to try to cheer someone else up.**

(マーク・トウェイン)

訳:自分を励ますための最善の方法は,ほかの誰かを励まそうとすることである。

●マーク・トウェイン
Twain, Mark

1835-1910 アメリカの作家。『ハックルベリー・フィンの冒険』『ミシシッピの生活』などがある。

## 84 The best way to cheer yourself is to try to…

● 文全体は，**S is C.**（**S は C** だ）という形です（→ #28）。

<u>The best way to cheer yourself</u> <u>is to try ….</u>
　　　　　　S

● S に当たるのは「あなた自身を励ますための最善の方法」。〈**the best way to** ＋ **動詞の原形**〉（**〜するための最善の方法**）は，よく使われる表現です。

● C に当たるのは to try to cheer someone else up（ほかの誰かを励まそうとすること）です。〈to try to ＋ 動詞の原形〉は「〜しようと試みること」。to try は「試みること」という意味の不定詞。

● cheer up ＝ 励ます；たとえば「友人を励ます」は cheer up a friend または cheer a friend up と言います。

# 85.

> You are not only responsible for what you say, but also for what you do not say.

(マルティン・ルター)

訳：人は自分が言うことだけでなく，自分が言わないことに対しても責任を持たねばならない。

● マルティン・ルター
Luther, Martin

1483-1546 ドイツの宗教改革者。九十五箇条の提題を掲げ，教会改革を訴える著作を続けて刊行。近代ヨーロッパのキリスト教再形成の契機となる。

● **not only X but also Y** = X だけでなく Y も（→ #30）

- *Not only* the players *but also* the coach was excited.
（選手たちだけでなくコーチも興奮していた）

● **be responsible for** 〜 = 〜に対して責任がある；次のような言い方もあります。

- Parents should *take responsibility for* raising their children.
（親は子どもを育てることに責任を持つべきだ）

● what you say は「あなた[自分]が言うこと」, what you do not say は「あなたが言わないこと」。これらの **what** は,「〜するもの[こと](the thing(s) that)」の意味の**関係代名詞**です（→ #39）。

# 86.

> If I wasn't hard, I wouldn't be alive. If I couldn't ever be gentle, I wouldn't deserve to be alive.

(レイモンド・チャンドラー)

訳:タフでなければ私は生きていないだろう。優しくなれなければ私は生きている価値がないだろう。

●レイモンド・チャンドラー
Chandler, Raymond Thornton

1888-1959 アメリカの作家。『大いなる眠り』『さよなら,愛しい人』などの作品がある。

## 86　If I wasn't hard, I wouldn't be alive. If I...

● 2つの文中では，**仮定法過去**が使われています。仮定法過去は，過去形を使って「もし(今)〜なら，…なのに→しかし実際にはそうではない」という意味を表す形です(→ #52)。

- If we *were* rich, we *could live* in a larger house.
 (もし私たちが金持ちなら，もっと広い家に住めるのに[実際は金持ちではないから，狭い家に住んでいる(のが残念だ)])

したがって第1文は，「実際には私はタフだから，今生きているのだ」という意味を表しています。仮定法過去ですが口語表現なのでbe動詞はwasになっています。

● **ever** は疑問詞や if (もし〜なら)の意味を強調する語で，「**いったい[いやしくも](〜なら)**」ということ(→ #49)。

● deserve ＋ to ＋ 動詞の原形 ＝ 〜する価値がある；deserve to be alive で「生きている価値がある」という意味になります。

# 87.

## Impossible is a word to be found only in the dictionary of fools.

(ナポレオン・ボナパルト)

訳:不可能(という言葉)は,愚か者の辞書にだけ見つかる。

意味:賢者には不可能なことは何もない。

## 87　Impossible is a word to be found only in...

● a word to be found は，a word <u>which is</u> to be found の下線部が省略された形です。is to be found は〈**be 動詞＋不定詞**〉の形になっており，この形にはさまざまな意味があります。

- The meeting *is to be held* next Monday.
  （会合は来週の月曜日に行われる予定だ）《予定》
- You *are to follow* the school rules.
  （君たちは校則に従わねばならない）《義務》
- Nobody *was to be seen* on the street.
  （通りには誰も見えなかった）《可能》

　この名言の場合は《可能》の用法で，「見つけ（られ）ることができる」という意味です。不定詞の to はもともと「〜の方へ」という意味の前置詞なので，is to be found は「発見される方へ向かう→見つかる」という意味になります。

# 88.

## There is nothing either good or bad but thinking makes it so.

(ウィリアム・シェイクスピア)

訳：世の中には善も悪もなく，考え方が善悪を決める。

● ウィリアム・シェイクスピア
Shakespeare, William

1564-1616　イギリスの劇作家，詩人。『ハムレット』『リア王』『マクベス』『ロミオとジュリエット』などの作品がある。

## 88 There is nothing either good or bad but...

● この文は，〈**not X but Y**〉(**X ではなく Y**)という形がもとになっています(→ # 15)。

- This bag is *not* mine *but* my sister's.
 (このバッグは私のではなく姉のです)

この形の but は「〜ではなく<u>て</u>…」の意味です。「しかし」と訳さないようにしましょう。この名言の場合，nothing に含まれる not の意味と but が結びついて，「〜なものは何もなく<u>て</u>…」という意味になります。

● **not 〜 either X or Y ＝ X も Y も(どちらも)〜ない**；either がなくても同じ意味になります。

- I do*n't* have brothers *or* sisters.
 (私には兄弟も姉妹もいません)

● thinking makes it so の訳は「考えることがそれをそのようにする」。makes it so は makes the thing good or bad(そのことをよいものにしたり悪いものにしたりする)と言い換えることができます。

# 89.

> **Great things are not done by impulse, but by a series of small things brought together.**
>
> (フィンセント・ファン・ゴッホ)

訳：偉業は衝動ではなく結合された小さなことの連続によって成し遂げられる。

●フィンセント・ファン・ゴッホ
Gogh, Vincent van

1853-90　オランダの画家。『じゃがいもを食う人々』『夜のカフェ』『種まく人』『ひまわり』などの作品がある。

### 89　Great things are not done by impulse, but by a series…

● **not X but Y＝XではなくY**；この文ではX＝by impulse（衝動によって），Y＝by a series of small things brought together（結びつけられたひと続きの小さなことによって）です（→ # 15）。

● impulse＝衝動；「バッグを衝動買いする」は buy a bag *on impulse* と言います。

● **a series of ～＝ひと続き[一連]の～**；*a series of* accidents（相次ぐ事故）のように使います。

● **bring ～ together＝～を（1つに）まとめる**；bring small things together（（いくつかの）小さなことを1つにまとめる）→ small things (which are) brought together（1つにまとめられた小さなこと）と考えることができます。

# 90.

## Folks are usually about as happy as they make their minds up to be.

(エイブラハム・リンカン)

訳:人々はたいてい,なろうと決意した程度に幸せになる。

## 90　Folks are usually about as happy as they make...

### ● as 〜 as ... ＝…と同じくらい〜

- This room is *as* large *as* my room.
  (この部屋は私の部屋と同じくらいの広さだ)

名言の文は，少し複雑な形になっています。次のような文を参考にしてください。

- Things went just *as* well *as* we (had) expected.
  (事態は私たちが予想したのとちょうど同じくらいうまく進んだ)

- The examination was *not as* difficult *as* I had thought to be.
  (その試験は，私が予想したほど難しくなかった)

### ● make up one's mind to ＋ 動詞の原形 ＝ 〜しようと決心する(decide to ＋ 動詞の原形)

- I've *made up my mind to* study abroad.
  ＝ I've *decided to* study abroad.
  (私は留学する決心をしました)

# 91.

**A hero is no braver than an ordinary man, but he is brave five minutes longer.**

(ラルフ・ワルド・エマーソン)

訳:英雄は一般人と比べて(特に)勇敢なわけでは決してないが,(一般人より)5分間勇気が長続きする。

## 91　A hero is no braver than an ordinary man, but…

● **no＋比較級＋than ～＝～と比べて少しも…ではない**；次のようないわゆる「クジラ構文」と同じパターンです。

- A whale is *no more* a fish *than* a horse (is).
 （くじらは馬と同様に魚ではない［くじらが魚でないのは馬が魚でないのと同じだ］）
- We are *no richer than* (we were) ten years ago.
 （私たちは10年前と比べて少しも金持ちになっていない［相変わらず貧乏だ］）

また，次の2つの文の違いに注意してください。
- My father is *no taller than* I am.
 （父は私と同様に背が高くない［二人とも背が低い］）
- My father is *not taller than* I am.
 （父は私より背が高いわけではない［私と同じくらいの身長か，それ以下だ］）

# 92.

**My great concern is not whether you have failed, but whether you are content with your failure.**

(エイブラハム・リンカン)

訳:私の最大の関心は君が失敗したかどうかではなく,君がその失敗に甘んじているかどうかだ。

## 92　My great concern is not whether you have failed, ...

● **not X but Y＝XではなくY**；文全体の構造は次のようになっています(→#15)。

- My great concern is *not X but Y*.
＝私の最大の関心は，XではなくYだ

● Xに当たるのは whether you have failed(あなたが失敗し(てしまっ)たかどうか)。**whether**は「〜かどうか」の意味の接続詞です。ifも同じ意味で使います。

- I don't know *whether* [*if*] the news is true.
（そのニュースが本当かどうか私は知りません）

● Yに当たるのは whether you are content with your failure(あなたが自分の失敗に甘んじているかどうか)。**be content with 〜** は「〜に甘んじて(満足して)いる」の意味です。

# 93.

**If I had six hours to chop down a tree, I'd spend the first four hours sharpening the axe.**

(エイブラハム・リンカン)

訳：木を切り倒す時間が6時間あれば，私は最初の4時間を斧を研ぐのに費やすだろう。

● if I <u>had</u> ～は「もし私が～を(今)持っていれば」，I'd[＝I <u>would</u>] spend ～は「私は～を費やすだろう」。下線部は**仮定法過去**です。仮定法過去は「現実の反対」や「実現の可能性が低い未来の出来事」を表しますが，この名言では控えめな気持ちを表すために使われています。

- If I *won* the lottery, I *would* travel abroad.
  (もし宝くじが当たったら，海外旅行をします)
  - 「実際には当たらない」と言っているのではなく，「(可能性は低いけれど)もし当たるようなことがあれば」という控えめな気持ちを表す文です。

● to chop down ＝ 切り倒すための[ために]

- I had no time <u>*to correct*</u> the data.
  (データを修正する(ための)時間がなかった)

● **spend ＋ 時間 ＋ ～*ing* ＝ ～するのに(時間)を費やす**

- I *spent* three hours *cooking* this.
  (これ[この料理]を作るのに3時間を費やした)
  - *It took*（me）three hours *to cook* this. とも言います。

# 94.

**Anyone who has never made a mistake has never tried anything new.**

(アルベルト・アインシュタイン)

訳：一度も失敗したことがない人は誰でも，新しいことを一度も試したことがない人だ。

● **anyone who 〜 = 〜する人は誰でも**（whoever）

- *Anyone who* sees this movie will be moved to tears.
= *Whoever* sees this movie will be moved to tears.
  （この映画を見る人は誰でも感動して泣くだろう）

● **make a mistake = 間違える，ミスをする**；miss は「(見)逃す，〜が(い)なくて寂しく思う」の意味。「ミスをした」の英訳は I've made a mistake. であり，I've missed. とは言いません。

● **has never tried** は「一度も試したことがない」の意味で，**経験を表す現在完了形**です（→ #48）。

- My father *has never tried* to sing karaoke.
  （父は一度もカラオケを歌おうとしたことがない）

● **anything** は前の否定語（not, never など）と結びついて「(決して)何も〜ない(nothing)」の意味になります。

- I haven't had *anything* since this morning.
  （けさから何も食べていません）

# 95.

## The straighter grows the palm, the heavier the weight it bears.

訳：やしの木はまっすぐ伸びれば伸びるほど
　　重い実をつけられる。

意味：高い志を貫けば大きな成功を収めるこ
　　　とができる。

## 95　The straighter grows the palm, the heavier...

● **The** + 比較級 **A, the** + 比較級 **B** = **A であればあるほど，それだけいっそう B だ**（→ #56）；A・B には〈S + V〉の形を置くのがふつうです。

- *The harder* you practice, *the better* you can play.
  　　　　　　S　　V　　　　　　　　S　　V
  （熱心に練習すればするほど，君は上手にプレイできる）

一方，このことわざでは前半が〈V + S〉の語順になっています。また，後半は is を補って考えます。

- *The straighter* grows the palm, *the heavier*
  　　　　　　　　V　　　S
  the weight it bears (is).
  　　S　　　　　　　V

the weight it bears は「それ[ = the palm ]が担うことのできる重量」。it bears は前の the weight を修飾しています。the book I read yesterday（きのう私が読んだ本）などと同じ形です。

# 96.

## Other men are lenses through which we read our own minds.

(ラルフ・ワルド・エマーソン)

訳：他人とは，自分自身の心を読み取るレンズである。

意味：他人の目を通して見れば自分の心がよくわかる。

## 96　Other men are lenses through which we read ...

● other men ＝ 他人；現代英語では other people または others と言います。

● through which は〈前置詞＋関係代名詞〉の形です。2 文に分けると次のようになります。

(a) Other men are lenses.
　（他人はレンズである）
(b) We read our own minds <u>through the lenses</u>.
　（私たちはそのレンズを通して自分自身の心を読み取る）

この 2 つの文を 1 つにまとめるには，(b) の下線部を through which に置き換えて，(a) の lenses (先行詞)の後ろに置きます。

● read には「(人の心などを)読み取る」という意味があります。読心術は mind-reading，人の心を読むのが上手な人は a good mind reader と言います。また read your palm(あなたの手相を見る)のような言い方もあり，手相占い師は a palm reader と言います。

# 97.

> If we had no winter, the spring would not be so pleasant. If we did not sometimes taste the adversity, prosperity would not be so welcome.

（アン・ブラッドストリート）

訳：もし冬がなければ，春はこれほど楽しくはないだろう。もし時々挫折を味わうことがなければ，成功はこれほど歓迎されないだろう。

●アン・ブラッドストリート
Bradstreet, Anne

1612頃-72　アメリカの詩人。『最近アメリカで出現した十番目のミューズ』などの詩集がある。

● どちらの文でも，**仮定法過去**が使われています。第1文は「もし冬がなければ，春はそれほど[あまり]楽しくないだろう→実際には冬があるから，春は楽しいのだ」という意味になります。第2文も同様です。

● **not + so 〜** ＝ あまり〜ではない（not + very 〜）

● taste the adversity ＝ 逆境を味わう

● prosperity ＝ 繁栄，成功；動詞は prosper（繁栄する）。

● welcome ＝ 歓迎されて（形容詞）；次のような使い方もあります。
- *Welcome* to Japan.（日本へようこそ）
- You're *welcome*.（どういたしまして）
  - Thank you.（ありがとう）とお礼を言われたときの返答の1つです。そのほか Not at all.（全くかまいません），My pleasure.（こちらこそ），Don't mention it.（そのことは言わないでください→どういたしまして）なども使います。

# 98.

> It is not the strongest of the species that survives, nor the most intelligent that survives. It is the one that is the most adaptable to change.

(チャールズ・ダーウィン)

訳:生き残るのは種のうちで最も強いものではなく,最も知的なものでもない。変化に最も適応したものである。

●チャールズ・ダーウィン

Darwin, Charles Robert

1809-82 イギリスの博物学者。『種の起源』を刊行し,自然淘汰説を樹立した。

98 It is not the strongest of the species that survives, nor...

●最初の文では,**強調構文**が使われています。強調構文とは,〈**It is A that ~**〉の形でAを強調して,「~のは(ほかでもない)**A**だ」という意味を表す形です。

● **not X nor Y = X ではなく,また Y でもない**

●以上から,第1文の基本構造は次のようになります。
- It is *not* X that survives, *nor* Y that survives.
= 生き残るのは X ではなく,また(生き残るのは)Y でもない。

● the strongest of the species
=(生物の)種のうちで最も強いもの
the most intelligent (of the species)
=(生物の種のうちで)最も知的なもの

●第2文の **the one** は,the species のこと。one は同じ名詞(species)のくり返しを避けるための代名詞です(→ #36)。

● the most adaptable to change
= 変化に対する適応力が最も高い(adapt to ~ = ~ に適応する)。

201

# 99.

**To a certain degree we all experience feelings of inferiority, since we all find ourselves in situations we wish we could improve.**

(アルフレッド・アドラー)

訳:私たちが皆ある程度劣等感を味わうのは,改善したいけれどできない状況に自分がいると誰もが思うからである。

99　To a certain degree we all experience feelings of inferiority, ...

● **to a certain degree** ＝ ある程度(まで)

● **since** ＝ 〜なので(as)

● find ourselves in situations は「自分自身が状況の中にいるとわかる」。we 以下は situations を修飾する**関係詞節**です(関係代名詞の that が省略されています)。次の文と同じ形です(→ # 48)。

- This is the key (*that*) I've been looking for.

（これが，私が探していたカギです）

● situations 以下は，we wish we could improve situations という文がもとになっています。この文は「私たちは状況を改善できればいいのにと思う(が実際にはできない)」ということ。**wish** の後ろには**仮定法過去**(could)を置いて「**〜ならいいのにと思う(が実際はそうではない)**」という意味を表します。

- I *wish* I *could go* swimming, but I have a cold.
（泳ぎに行ければいいと思うのだけれど，私はかぜをひいている）

# 100.

Among painters and poets a great proportion are known to have suffered from imperfect vision. These imperfections were overcome by well-trained minds, and finally they could use their eyes to better purpose than others with perfect vision.

(アルフレッド・アドラー)

訳：画家や詩人には，視力不足に苦しんだ人の割合が多いことが知られている。この視力の不完全さは鍛えられた精神によって克服され，最終的に彼らは，完全な視力を持つ他の者たちよりも優れた目的のために目を使うことができた。

## 100 Among painters and poets a great proportion are known to…

● **among** =（3つ以上のもの）**の間で**

- *Among* those four plans, I think the first is the best.
  （それら4案のうちで，第1案がベストだと思う）

● **suffer from** = **〜で苦しむ**

- They are *suffering from* a shortage of food.
  （彼らは食糧不足に悩まされている）

● **to have suffered** は完了形の不定詞で，are known よりも過去の出来事であることを示しています。第1文は次のように言い換えられます。

- It <u>is known</u> that, among painters and poets, a great proportion (of them) <u>suffered</u> from imperfect vision.

● **overcome** =（困難・障害・誘惑などを）**克服する，乗り越える**

- He *overcame* his impulse to cry.
  （彼は泣き叫びたい衝動をぐっと抑えた）

● **purpose** = **目的**

- What is your *purpose* of this trip?
  （旅行の目的は何ですか？）

# 101.

> No experience is in itself a cause of success or failure.
> We do not suffer from the shock of our experiences – the so-called *trauma* – but instead make out of them whatever suits our purposes.
> We are not determined by our experiences but are *self-determined* by the meaning we give to them.
>
> (アルフレッド・アドラー)

訳：いかなる経験も，それ自体では成功の原因でも失敗の原因でもない。
我々は過去の経験によるショック——いわゆるトラウマ（心的外傷）——に苦しむのではなく，経験の中から自分の目的に合うものなら何でも選び取るのである。
我々は経験によって決定されるのではなく，経験に対してどんな意味を与えるかによって自らを決定するのである。

101 No experience is in itself a cause of success or failure. ...

## ● **in itself** ＝それ自体は，本来は

- This substance is not poison *in itself*.
（この物質は，それ自体は毒ではない）

## ● **so-called** ＝いわゆる

- He is a *so-called* walking dictionary.
（彼は，いわゆる生き字引だ）

## ● **instead** ＝その代わりに，そうしないで

- We didn't go to the movies. *Instead*, we went to karaoke.
（私たちは映画に行かなかった。その代わりにカラオケに行った）

● **the meaning we give to them** は，we give <u>the meaning</u> to them（私たちはそれら（の経験）に意味を与える）の下線部を前に出して，後ろに関係詞節（(that) we give to them）を続けた形。

## 小池直己

広島大学大学院修了．専門は，放送英語，新聞英語，映画英語，英語教育学，心理学．UCLA客員研究員を経て，相模女子大学教授，就実大学教授・大学院教授を歴任．主な著書に，『放送英語を教材とした英語教育の研究』(北星堂書店)等の研究書のほか，『自分を励ます英語名言101』(佐藤誠司氏と共著)，『覚えておきたい基本英会話フレーズ130』『語源でふやそう英単語』『話すための英文法』(岩波ジュニア新書)，『英語でたのしむアドラー心理学』(PHP文庫)，『スヌーピーで学ぶすぐに使える英語表現105』(祥伝社)など380冊以上．

## 佐藤誠司

1956年広島県生まれ．東京大学文学部英文学科卒．広島県教育委員会事務局，私立中学・高校教諭などを経て，現在，佐藤教育研究所主宰．著書に『英作文のためのやさしい英文法』『高校生のための英語学習ガイドブック』(岩波ジュニア新書)，『最高水準問題集』シリーズ(文英堂)，『ビミョウな違いがイラストでわかる！英単語類義語事典』(西東社)，『アトラス総合英語』(共著．桐原書店)などがある．

---

ポジティブになれる英語名言101
岩波ジュニア新書898

2019年6月20日　第1刷発行
2021年6月15日　第4刷発行

著　者　小池直己(こいけなおみ)　佐藤誠司(さとうせいし)

発行者　坂本政謙

発行所　株式会社　岩波書店
〒101-8002 東京都千代田区一ツ橋2-5-5

案内 03-5210-4000　営業部 03-5210-4111
ジュニア新書編集部 03-5210-4065
https://www.iwanami.co.jp/

印刷・精興社　製本・中永製本

© Naomi Koike and Seishi Sato 2019
ISBN 978-4-00-500898-8　　Printed in Japan

## 岩波ジュニア新書の発足に際して

きみたち若い世代は人生の出発点に立っています。きみたちの未来は大きな可能性に満ち、陽春の日のようにひかり輝いています。勉学に体力づくりに、明るくはつらつとした日々を送っていることでしょう。

しかしながら、現代の社会は、また、さまざまな矛盾をはらんでいます。営々として築かれた人類の歴史のなかで、幾千億の先達たちの英知と努力によって、未知が究明され、人類の進歩がもたらされ、大きく文化として蓄積されてきました。にもかかわらず現代は、核戦争による人類絶滅の危機、貧富の差をはじめとするさまざまな人間的不平等、社会と科学の発展が一方においてもたらした環境の破壊、エネルギーや食糧問題の不安等々、来るべき二十一世紀を前にして、解決を迫られているたくさんの大きな課題がひしめいています。現実の世界はきわめて厳しく、人類の平和と発展のためには、きみたちの新しい英知と真摯な努力が切実に必要とされています。

きみたちの前途には、こうした人類の明日の運命が託されています。ですから、たとえば現在の学校で生じているささいな「学力」の差、あるいは家庭環境などによる条件の違いにとらわれて、自分の将来を見限ったりはしないでほしいと思います。個々人の能力とか才能は、いつどこで開花するか計り知れないものがありますし、努力と鍛練の積み重ねの上にこそ切り開かれるものですから、簡単に可能性を放棄したり、容易に「現実」と妥協したりすることのないようにと願っています。

わたしたちは、これから人生を歩むきみたちが、生きることのほんとうの意味を問い、大きく明日をひらくことを心から期待して、ここに新たに岩波ジュニア新書を創刊します。現実に立ち向かうために必要とする知性、豊かな感性と想像力を、きみたちが自らのなかに育てるのに役立ててもらえるよう、すぐれた執筆者による適切な話題を、豊富な写真や挿絵とともに書き下ろしで提供します。若い世代の良き話し相手として、このシリーズを注目してください。わたしたちもまた、きみたちの明日に刮目しています。（一九七九年六月）

― 岩波ジュニア新書 ―

### 924 過労死しない働き方
― 働くリアルを考える

川人 博

過労死や過労自殺に追い込まれる若い人を、どうしたら救えるのか。よりよい働き方・職場のあり方を実例をもとに提案する。

### 925 障害者とともに働く

藤井克徳
星川安之

「障害のある人の労働」をテーマに様々な企業の事例を紹介。誰もが安心して働ける社会のあり方を考えます。

### 926 人は見た目!と言うけれど
― 私の顔で、自分らしく

外川浩子

見た目が気になる、すべての人へ!「見た目問題」当事者たちの体験などさまざまな視点から、見た目と生き方を問いなおす。

### 927 地域学をはじめよう

山下祐介

地域固有の歴史や文化等を知ることで、自分・社会・未来が見えてくる。時間と空間を往来しながら、地域学の魅力を伝える。

### 928 自分を励ます英語名言101

小池直己
佐藤誠司

自分に勇気を与え、励ましてくれるさまざまな先人たちの名句名言に触れながら、自然に英文法の知識が身につく英語学習入門。

### 929 女の子はどう生きるか
― 教えて、上野先生!

上野千鶴子

女の子たちが日常的に抱く疑問やモヤモヤに、上野先生が全力で答えます。自分らしい選択をする力を身につけるための1冊。

(2021.1)

## 岩波ジュニア新書

**918 議会制民主主義の活かし方**
——未来を選ぶために
糠塚康江

私達は忘れている。未来は選べるということを。必要なのは議会制民主主義を理解し、使いこなす力を持つこと、と著者は説く。

**919 繊細すぎてしんどいあなたへ**
HSP相談室
串崎真志

繊細すぎる性格を長所としていかに活かすかをアドバイス。「繊細でよかった！」読後にそう思えてくる一冊。

**920 10代から考える生き方選び**
竹信三恵子

10代にとって最適な人生の選択とは？　各選択肢が孕むメリットやリスクを俯瞰しながら、生き延びる方法をアドバイスする。

**921 一人で思う、二人で語る、みんなで考える**
——実践！　ロジコミ・メソッド
追手門学院大学成熟社会研究所編

課題解決に役立つアクティブラーニングの道具箱。多様な意見の中から結論を導くロジカルコミュニケーションの方法を解説。

**922 できちゃいました！　フツーの学校**
富士晴英とゆかいな仲間たち

生徒の自己肯定感を高め、主体的に学ぶ場を作ろう。校長からのメッセージは「失敗OK！」「さあ、やってみよう」

**923 こころと身体の心理学**
山口真美

金縛り、夢、絶対音感——。様々な事例をもとに第一線の科学者が自身の病とも向き合って解説した、今を生きるための身体論。

(2020.9)

## 岩波ジュニア新書

### 912 新・大学でなにを学ぶか
上田紀行 編著

大学では何をどのように学ぶのか？ 池上彰氏をはじめリベラルアーツ教育に携わる気鋭の大学教員たちからのメッセージ。

### 913 統計学をめぐる散歩道
――ツキは続く？ 続かない？

石黒真木夫

天気予報や選挙の当選確率、くじの当たり外れやじゃんけんの勝敗などから、統計のしくみをのぞいてみよう。

### 914 読解力を身につける
村上慎一

評論文、実用的な文章、資料やグラフ、文学的な文章の読み方を解説。名著『なぜ国語を学ぶのか』の著者による国語入門。

### 915 きみのまちに未来はあるか？
――「根っこ」から地域をつくる

除本理史
佐無田光

地域の宝物＝「根っこ」と自覚した住民によるまちづくりが活発化している。各地の事例から、未来へ続く地域の在り方を提案。

### 916 博士の愛したジミな昆虫
金子修治
鈴木紀之 編著
安田弘法

SFみたいなびっくり生態、生物たちの複雑怪奇なからみ合い。その謎を解いていくワクワクを、昆虫博士たちが熱く語る！

### 917 有権者って誰？
藪野祐三

あなたはどのタイプの有権者ですか？ 社会に参加するツールとしての選挙のしくみや意義をわかりやすく解説します。

(2020.5)

## 岩波ジュニア新書

**906 レギュラーになれないきみへ** 元永知宏

スター選手の陰にいる「補欠」選手たち。果たして彼らの思いとは? 控え選手たちの姿を通して「補欠の力」を探ります。

**907 俳句を楽しむ** 佐藤郁良

句の鑑賞方法から句会の進め方まで、季語や文法の説明を挟み、ていねいに解説。句作の楽しさ・味わい方を伝える一冊。

**908 発達障害 思春期からのライフスキル** 平岩幹男

「今のうまくいかない状況」をどうすれば「何とかなる状況」に変えられるのか。専門家がそのトレーニング法をアドバイス。

**909 ものがたり日本音楽史** 徳丸吉彦

縄文の素朴な楽器から、雅楽・能楽・歌舞伎・文楽、現代邦楽…日本音楽と日本史の流れがわかる、コンパクトで濃厚な一冊!

**910 ボランティアをやりたい! ──高校生ボランティア・アワードに集まれ** 風に立つライオン基金編 さだまさし

「誰かの役に立ちたい!」各地でボランティアを行っている高校生たちのアイディアに満ちた力強い活動を紹介します。

**911 オリンピック・パラリンピックを学ぶ** 後藤光将編著

オリンピックが「平和の祭典」と言われるのはなぜ? オリンピック・パラリンピックの基礎知識。

(2020.1)

岩波ジュニア新書

900 男子が10代のうちに考えておきたいこと　田中俊之
男らしさって何？ 性別でなぜ期待される生き方や役割が違うの？ 悩む10代に男性学の視点から新しい生き方をアドバイス。

901 カガク力（りょく）を強くする！　元村有希子
疑い、調べ、考え、判断するカ＝カガク力！ 科学・技術の進歩が著しい現代だからこそ、一人一人が身に着ける必要性と意味を説く。

902 世界の神話　沖田瑞穂
個性豊かな神々が今も私たちを魅了する聖なる物語・神話。世界各地に伝わる神話のエッセンスを凝縮した宝石箱のような一冊。

903 「ハッピーな部活」のつくり方　中澤篤史／内田 良
長時間練習、勝利至上主義など、実際の活動から問題点をあぶり出し、今後に続くあり方を提案。「部活の参考書」となる一冊。

904 ストライカーを科学する　──サッカーは南米に学べ！　松原良香
南米サッカーに精通した著者が、現役南米代表などへの取材をもとに分析。決定力不足を克服し世界で勝つための道を提言。

905 15歳、まだ道の途中　高原史朗
「悩み」も「笑い」もてんこ盛り。そんな中学三年の一年間を、15歳たちの目を通して瑞々しく描いたジュニア新書初の物語。

(2019.10)

## 岩波ジュニア新書

**894 内戦の地に生きる ―フォトグラファーが見た「いのち」** 橋本 昇
母の胸を無心に吸う赤ん坊、自爆攻撃した息子の遺影を抱える父親…。戦場を撮り続けた写真家が生きることの意味を問う。

**895 ひとりで、考える ―哲学する習慣を** 小島俊明
主体的な学び、探求的学びが重視されているなか、フランスの事例を紹介しながら「考える」について論じます。

**896 「カルト」はすぐ隣に ―オウムに引き寄せられた若者たち** 江川紹子
オウムを長年取材してきた著者が、若い世代に向けて事実を伝えつつ、カルト集団に人生を奪われない生き方を説く。

**897 答えは本の中に隠れている** 岩波ジュニア新書編集部編
悩みや迷いが尽きない10代。そんな彼らに、個性豊かな12人が、希望や生きる上でのヒントが満載の答えを本を通してアドバイス。

**898 ポジティブになれる英語名言101** 小池直己 佐藤誠司
プラス思考の名言やことわざで基礎的な文法を学ぶ英語入門。日常の中で使える慣用表現やイディオムが自然に身につく名言集。

**899 クマムシ調査隊、南極を行く!** 鈴木 忠
白夜の夏、生物学者が見た南極の自然とは？笑いあり、涙あり、観測隊の日常がオモシロい!《図版多数・カラー口絵8頁》

(2019.7)